CONSEILLERE (PRINCIPALE) D'EDUCATION

Petits bonheurs et grosses colères
d'un métier peu ordinaire

© L'Harmattan, 2000
ISBN : 2-7384-9726-8

Marie Tisserand

CONSEILLERE (PRINCIPALE) D'EDUCATION

*Petits bonheurs et grosses colères
d'un métier peu ordinaire*

L'Harmattan
5-7, rue de l'École-Polytechnique
75005 Paris

L'Harmattan Inc.
55, rue Saint-Jacques
Montréal (Qc) CANADA H2Y 1K9

*à tous les élèves
qui ont eu
et (ou) qui auront encore
à me supporter
(et réciproquement)*

*à tous ceux de mes collègues
qui croient à ce qu'ils font*

*à Arlette Gérard et André Richard
Proviseur et CPE exceptionnels
décédés prématurément
dans l'exercice de leur fonction*

*à mes parents
pour qu'ils sachent, enfin, ce que je fais
(en dehors des vacances)*

*à Guy
qui sait pourquoi*

Cette histoire est vraie, puisque c'est mon histoire.

Quiconque voudrait tenter de s'y reconnaître devrait le faire à ses risques et périls, et sous son entière responsabilité, tant les cartes ont été battues et rebattues afin de brouiller les pistes.

PREFACE

Une villégiature en éducation n'était pas le rêve que je caressais en ce mois de mai 2000 tandis que je respirais l'air de la liberté auquel, depuis cinq ans, je m'habitue doucement. Je contemplais le ciel du Haut-Var que je bénissais de s'offrir à moi en des moments doux et paisibles, hors du mois d'août qui, si longtemps, avait permis la seule échappée.

J'étais trop vieux capitaine pour ne pas me douter qu'il fallait le pied marin et que ce n'était pas à un embarquement pour Cithère que l'on me conviait.

Une « C.P.E. » ? J'avais donné ! J'en avais pratiqué une bonne dizaine, prétendu en former un grand nombre, et puis, je savais par cœur...

Correcteur du concours de recrutement pendant tant d'années, je savais, je savais...

Le C.P.E. est... au centre du système (tiens ? lui aussi ?). C'est le pivot, c'est le rouage essentiel, c'est le médiateur, c'est l'homme-relais (souvent écrit comme un balai, ce qui rend la métaphore plus ménagère).

Mais, il y a de la solidarité dans la boutique. Celle-ci était une ancienne d'un lycée où j'avais été si heureuse. Condisciples séparées par assez de temps pour que cela ne soit pas touchant. Et puis les grandeurs et les servitudes de ma « carrière » médiatique me rendaient, d'avance, supporter attendri.

Je n'ai pas eu le temps de reprendre mon souffle. D'abord, parce que j'ai tellement ri ! Parfois, il est vrai, « avant que d'en pleurer ».

Du sordide au sublime, du noble au mesquin, de la réussite à l'amère désillusion, ils sont tous là, les lieux et les gens. Et Marie Tisserand, avec son nom d'héroïne de roman picaresque, vous entraîne... et vous en voyez de toutes les couleurs.

Réalisme parfois impitoyable, mais romantisme aussi. La dame a de la finesse et de la perspicacité. Elle a aussi du panache et de la témérité. Je l'ai admirée, bien qu'elle m'ait aussi, fait peur.

Que vous soyez parent, collègue, élève ou ancien élève, suivez-la. Vous ne vous ennuierez pas. Vous l'aimerez bien et vous verrez que la vie de CPE n'est pas un long fleuve tranquille, que, pour atteindre les trente-sept ans et demi en y croyant toujours, en continuant à aimer le métier et les élèves, il faut aussi aimer les courses d'obstacles.

Bon vent, Marie ! ... et tous mes vœux à cette truculente chronique.

Marguerite Gentzbittel
le 13 juin 2000

PROLOGUE

Tout en travaillant comme surveillante d'externat, je me destinais au professorat d'italien. J'eus alors la chance de rencontrer une conseillère d'éducation extraordinaire, madame Cerda et de travailler durant quatre années avec elle. Sans le savoir — mais peut-être pas sans l'avoir voulu — c'est elle qui me fit changer d'orientation.

Avant beaucoup d'autres, elle avait compris que sa fonction était d'abord relationnelle et avait choisi d'intégrer l'ensemble des surveillants à la gestion de la vie scolaire. Toutes les décisions étaient discutées en équipe. Chacun était ainsi associé à la vie de l'établissement et nous étions invités à participer à la plupart des réunions, notamment, à cette époque, aux projets d'action éducative, ancêtres de notre actuel projet d'établissement.

Madame Cerda était une femme très douce et très humaine que les élèves aimaient et respectaient. Le climat qui l'entourait marqua profondément et durablement mes années d'apprentissage. Les parents d'élèves avaient à son égard le même respect, la même affection et la même confiance. Ils appréciaient son accueil souriant, connaissaient sa disponibilité et tenaient compte de ses conseils. Elle centrait son travail sur le suivi des élèves, suivi qu'elle concevait dans sa globalité, à la fois au plan scolaire et personnel. C'était un collège de la banlieue de B..., une ville moyenne de la région de l'Est, où les problèmes sociaux ne manquaient pas. A vrai dire, ils représentaient bien les trois-quarts du recrutement.

Mon septennat de surveillance terminé, je décidai, finalement et en dépit de ses mises en garde, de me lancer dans la même profession. Peut-être lui ai-je ainsi, et malgré tout, fait plaisir :

— Ne faites jamais ce métier, me disait-elle. Elle savait trop combien de disponibilité il requiert, combien d'énergie il demande et combien de stress il peut parfois provoquer.

Devant attendre au moins une année (la date d'inscription était passée) avant de passer le concours, je demandai, alors, un poste de « Maître Auxiliaire Faisant Fonction de Conseiller d'Education ». Je ne sais pas pourquoi, mais ça n'a jamais été simple de nous désigner. Le 29 août, je reçus, par télégramme, ma nomination de « M.A.F.F.C.E. » pour le 1er septembre dans un lycée professionnel hôtelier situé dans une petite ville thermale à quatre-vingts kilomètres de mon lieu d'habitation. J'acceptai le poste sans même me renseigner sur les différentes conditions de travail et de logement. La précarité de ma situation de jeune femme divorcée ne m'autorisait aucune hésitation.

J'avais alors vingt-six ans. Ma connaissance de l'administration et des élèves représentait un avantage certain par rapport à un jeune débutant souvent bien désarmé lorsqu'il se trouve confronté à des élèves sans aucune préparation.

Je pris rendez-vous avec le proviseur, madame Valet.

C'est une femme — très important le genre féminin dans ma carrière, comme on pourra le voir plus tard — qui me reçoit dans un bureau luxueux. Très élégante, la quarantaine, elle se veut affable, mais sa voix sonne faux. Dès la première seconde, j'ai le désagréable sentiment qu'elle me déshabille du regard à travers ses montures Dior. Elle me décrit rapidement la structure du lycée, les professeurs qu'elle apprécie et ceux qu'elle n'aime pas. Je comprendrai par la suite que ceux qu'elle « aimait bien » étaient ceux qui n'avaient jamais osé la contredire et que son jugement ne se fondait sur aucun critère pédagogique. Je retrouverai cette situation à deux autres reprises dans les années qui suivront.

Tout en me faisant faire un tour rapide de l'établissement, elle m'explique que la petite ville de

L..., où nous nous trouvons, se caractérise par un recrutement social très défavorisé :
— Vous devrez être très sévère. Ce sont des enfants sans éducation. Ils proviennent de villages reculés où les maisons sont encore dépourvues de salle de bains.
D'emblée, ça commence bien. Fille de la campagne, j'ai vécu dans de telles conditions pendant une grande partie de mon enfance, ce qui ne m'a jamais empêchée de me laver.
— Soyez prudente, poursuit-elle, car nous n'avons que peu de garçons dans l'enceinte du lycée. Dès que nos filles internées (sic) sortent le mercredi, c'est pour se rendre à la base militaire. Il n'y a pour seule distraction dans la ville que le casino et les filles du L.E.P.
— D'ailleurs, l'an dernier, rajoute ma future collègue, mademoiselle Dépomme qui vient d'arriver et qui prend le relais pour continuer la visite, nous avons eu plusieurs filles enceintes.
Je comprends immédiatement que je ne pourrai guère faire équipe avec cette collègue qui se préoccupe plus d'affirmer sa position « d'adjointe » du proviseur que de l'intérêt des élèves.
Pour compléter le tableau, elle m'informe qu'il n'y a pas de logement de fonction prévu pour une seconde conseillère d'éducation. Je vais devoir assumer deux nuits en responsabilité — qui ne seront d'ailleurs pas décomptées à mon emploi du temps — dans une chambre de neuf mètres carrés au papier jauni et défraîchi dont la prime jeunesse doit

remonter à plus de quinze ans. Un lavabo ébréché, un lit d'internat à sommier métallique et un chevet branlant tiennent lieu de mobilier. Les W.C. sont ceux de l'infirmerie située par chance sur le même palier. Je n'ose pas demander où se trouve la salle de bains.

On ne dira jamais assez de quels exorbitants privilèges et garanties est émaillée la vie dorée des fonctionnaires de l'éducation nationale. Il fallait toute l'inconscience et la fougue de ma jeunesse pour apprécier le bonheur « d'entrer dans la carrière » avec un premier presque vrai poste. Mais les dés étaient jetés. *Ad augusta per angusta !*

L'an un

Corinne, Chantal, ...et tous les autres

Ce matin-là, quand Corinne entra dans mon bureau, elle avait son air habituel de chien battu. Elle leva à peine les yeux sur moi et je discernai plus que je n'entendis un timide « bonjour ». La peur du gendarme, comme d'habitude.

— Assieds-toi, Corinne, lui dis-je, avec un sourire qui se voulait aussi rassurant que possible.

C'est important pour accueillir une élève en difficulté. Et celle-là ne semblait guère à l'aise sur sa chaise.

J'avais demandé à Martine, la surveillante, de quitter le bureau. Elle l'avait fait aussitôt, sachant bien que nous reparlerions ensemble du problème. C'est elle qui m'avait, la première, alertée au sujet de

Corinne, avant que ses soupçons me soient confirmés par Annie, l'infirmière de l'établissement. Annie travaille ici depuis dix ans. Elle a une connaissance des élèves qui va beaucoup m'aider dans ce premier poste de « faisant fonction ». Pas dupe sur le mal de ventre avant l'interrogation écrite, elle sait aussi manifester une grande écoute, ce qui l'amène à recevoir de nombreuses confidences. J'ai tout de suite sympathisé avec elle et je sens que notre collaboration va m'aider à affirmer l'idée que je commence à me faire de mon nouveau métier.

La tête baissée, Corinne regarde ses mains. Le vernis de ses ongles est écaillé. Elle s'est fait couper les cheveux. Ca lui va bien. On discerne mieux les traits de son visage et ses yeux d'un bleu très profond. Je le lui dis. Aussitôt, elle redresse la tête et me décroche un franc sourire. Le moment est venu de parler.

Le téléphone sonne. C'est madame Valet, le proviseur, qui veut me voir à propos d'une élève. Je lui fais savoir que je suis en entretien, lui demande de m'excuser et lui propose de la rencontrer dans une heure. Elle acquiesce et raccroche. Cela me permettra d'évoquer avec elle le problème de Corinne. Je n'ai pas eu l'occasion de lui en faire part. Depuis plusieurs jours, elle était absente en raison d'un congrès à Paris.

Corinne a de nouveau baissé la tête. Maintenant, elle joue avec la boucle de sa ceinture. Elle semble avoir grossi.

Depuis que je la connais, elle a toujours été plutôt du genre « boulotte ». Petite, un joli minois, surtout aujourd'hui, bien mis en valeur par sa nouvelle coiffure. Pourtant son visage de quinze ans, si juvénile, contraste avec le lourd fardeau des années qu'elle semble déjà porter sur ses épaules. Je ne connais pas ses parents, mais je les devine. Corinne, comme beaucoup de ses camarades, exprime la tristesse d'une misère sociale qui se reproduit ici de génération en génération. Il est vrai que le pourcentage d'analphabètes de la région est un des plus élevés de France.

— Corinne ?

Elle lève la tête.

— Tu dois te douter de la raison de cet entretien ?

Pas de réponse.

— Tu ne veux pas en parler ?

— Je ne sais pas.

Ca ne va pas être facile. Je commence à jouer machinalement avec mon stylo.

— Tu ne sais pas si tu veux en parler ?

— Ben, c'est pas facile à dire.

Elle baisse à nouveau la tête et pose les mains sur son ventre.

— C'est vrai, c'est pas facile...

Silence. J'ai une furieuse envie d'allumer une cigarette, comme chaque fois que je ne me sens pas très à l'aise. Malheureusement pour moi, j'ai toujours eu pour principe de ne pas fumer devant les élèves.

— Corinne, est-ce que je peux t'aider, je veux dire... à trouver les mots ?

— Ben, c'est p't'être pas la peine maintenant que j'sais que vous savez que j'suis enceinte.

Tout en me répondant, elle a levé ses yeux vers moi. Je lis dans son regard la détresse et le désarroi d'une jeune fille, presque encore une enfant. A quinze ans, un adolescent est très fragile. Il est souvent en train d'aborder ses premières expériences « d'adulte ». C'est l'époque du paradoxe : le rejet des parents, le besoin de se couler dans le moule et de n'être pas différent des copains, et, en même temps, l'éternelle demande affective, la demande de reconnaissance adressée aux adultes. Autant de raisons qui m'ont amenée à me construire une conviction : celle qu'un éducateur doit assumer, en toutes circonstances, une position de modèle, afin de pouvoir être utilisé comme ressource.

— Et... que comptes-tu faire ?

— Je n'sais pas.

Je marque une pause avant de poursuivre. A vrai dire, je ne sais plus trop où je vais, moi non plus. Je la sens tellement démunie et refusant la réalité de sa situation.

— Dis-moi, tu as certainement entendu parler de la pilule ?

— Oui, mais mes parents ne veulent pas.

— Ils t'en ont donné la raison ?

— Non, mais j'crois que c'est le curé qui dit que c'est pas bien.

Corinne est mineure. Quel que soit son désir, je sais qu'il faudra que je rencontre ses parents. Ce qu'elle me dit confirme que ce sont eux qui prendront la décision, et qu'elle ne s'y opposera pas. Elle me semble tellement perdue. Si loin de l'autonomie à laquelle je voudrais de toutes mes forces l'aider à parvenir. Choisir d'être mère et élever un enfant, c'est une responsabilité à assumer soi-même en tant que personne. Quel « travail » avec l'élève puis-je engager en sachant déjà que je ne pourrai probablement rien négocier avec ses parents puisque Corinne ne demande rien ?

— Tes parents sont au courant ?
— Oui.

A nouveau un silence. Corinne a détourné son regard et fixe le seul tableau que j'ai placé là pour égayer mon bureau. Peut-être la vue des amoureux de Doisneau qui y figurent la laisse-t-elle rêveuse...

— Elle te plaît cette photo ?
— Oui mais c'est pas vraiment comme ça que ça se passe, enfin, j'veux dire... ça dure pas longtemps d'être amoureux.
— Tu crois ? Hum...

Je lui adresse un sourire d'acquiescement tout en pensant à ma propre situation. C'est vrai qu'en ce qui me concerne, cela n'a pas duré longtemps ! Quatre ans de mariage...

— Depuis quand connais-tu ton petit ami ?
— Depuis longtemps, on habite le même village, mais ça fait quatre mois qu'on est ensemble.

Corinne s'est détendue. Elle semble plus à l'aise maintenant.
— Vous êtes amoureux comme sur la photo ?
— Pas vraiment...
— Corinne, puis-je te poser une question ?
Elle hoche la tête.
— As-tu, TOI, envie de cet enfant ? ...c'est-à-dire, de le mettre au monde, et puis de t'en occuper jusqu'à ce qu'il soit grand ?
Pas de réponse.
— Tu me promets d'y réfléchir ?
— Oui !
— Et, si tu le veux, nous pourrons en reparler. Tu sais que tu peux aussi aller voir d'autres personnes qui peuvent t'aider : l'infirmière, par exemple. Aujourd'hui, c'est moi qui ai désiré te rencontrer, mais tu peux choisir de revenir ou pas. Ce sera à toi de décider de ce que tu voudras faire. D'accord ?
— Si vous voulez.

Corinne quitte le bureau. Son « au revoir » est perceptible, mais bien hésitant. On se sourit. J'espère qu'elle va y réfléchir et que nous nous reverrons. Quelque chose me fait craindre, cependant, que la cause ne soit perdue d'avance.

Le téléphone sonne. C'est à nouveau le proviseur. Il est quinze heures cinquante cinq. Le rendez-vous était à seize heures. Ca va, je ne suis pas en retard.

J'appelle rapidement Annie à l'infirmerie pour l'informer que je passerai la voir après mon rendez-vous.
— Tu as vu Corinne ? me demande-t-elle.
— Oui, il faut que nous en parlions. Je ne suis pas très optimiste. Mais madame Valet m'attend. Excuse-moi. A tout à l'heure !
En descendant l'escalier qui conduit à la direction, je vois Corinne en grande conversation avec la surveillante. Peut-être Martine va-t-elle réussir là où je redoute d'avoir échoué.
Quand j'entre dans le bureau du proviseur, j'ai la surprise d'y retrouver la collègue avec qui je partage mon service. Nous nous répartissons l'emploi du temps de façon à couvrir la semaine, et normalement, elle ne devrait pas être là. Avec deux nuits à assurer respectivement, nous ne pouvons pas travailler ensemble, à moins de faire quarante-cinq heures. Et c'est déjà contre mes convictions syndicales !
Madame Valet m'invite à m'asseoir. Elle porte un tailleur Mugler, bleu électrique, garni de boutons noirs assortis au col asymétrique. Une merveille qui renforce sa classe naturelle. Quel contraste avec l'habituel pied de poule couleur bordeaux de ma collègue ! Je me surprends à inspecter ma propre tenue : un ensemble chemise-pantalon. Rien à dire. Vert et blanc, pas froissé, et même, ne manquant pas d'allure, ma foi.
— Madame Tisserand, nous avons un problème avec l'élève Monnot. Hier, au cours de cui-

sine, elle a fait un scandale. Elle a traité son professeur de tous les noms d'oiseaux qu'elle connaît, et elle en connaît !

Le ton de la voix est cassant. A se demander si c'est bien de Chantal Monnot qu'il s'agit ou si c'est moi la coupable. Je n'arrive toujours pas à me faire au ton autoritaire de cette voix. A chaque fois que je l'entends, je me demande ce qui va me tomber sur le dos. Je m'en défends en détaillant le mobilier très design de son bureau. Décidément, un tel décor, si apaisant, ne s'accorde guère avec la personnalité de son occupante.

— Vous savez, ce n'est pas la première fois qu'elle se fait remarquer. D'ailleurs, j'ai vu la plupart de ses professeurs. Ils sont unanimes. Ils demandent un conseil de discipline avec l'exclusion définitive. Et pour commencer, nous pensions, juste avant votre arrivée, mademoiselle Dépomme et moi-même, la renvoyer de l'internat dès la semaine prochaine. Ma secrétaire enverra la lettre d'information à ses parents dès ce soir.

Elle s'interrompt et me regarde comme pour me demander mon avis. Il me semble pourtant qu'elle est en train de me signifier que sa décision est irrévocable.

Je suis encore bien jeune face à l'autorité d'un supérieur hiérarchique que tout mon passé m'a appris à ne pas discuter. Pourtant, j'ai déjà l'intuition qu'une position professionnelle est à défendre quand elle engage le devenir d'un élève. Je m'en sens responsable. Quelque chose me dit que le souci du maintien de l'harmonie de la communauté éducative doit parfois passer au second plan. Il ne s'agit pas de l'oublier, bien sûr. Mais la résistance des systèmes m'a toujours donné l'impression que le temps n'y était pas compté avec la même urgence. Peut-être, déjà, un vieux compte à régler avec l'autorité quand je la sens arbitraire. Ce qui me vaudra, à quelques reprises, de sérieux démêlés au cours de ma future carrière. J'y reviendrai. Pour le moment, priorité à Chantal, en dépit de l'inquiétude qui m'assaille.

— Madame, je pense effectivement que Chantal est allée trop loin et qu'elle mérite une sanction.

Ma collègue m'interrompt aussitôt :

— C'est le renvoi qu'elle mérite et rien d'autre ! Tu te rends compte, traiter un prof de salaud et ajouter « j'aurai ta peau », c'est intolérable !

— Tu as raison, c'est une attitude parfaitement inadmissible... Mais est-ce que Chantal vous a donné les raisons de sa réaction ? Est-ce qu'on connaît les circonstances dans lesquelles cela s'est passé ?

Madame Valet me regarde avec froideur. Je sens que je suis en train de l'agacer en voulant revenir sur un problème qui, pour elle, est déjà réglé. Elle reprend sur un ton glacial :

— J'ai vu cette élève à midi. Je lui ai signifié la requête des professeurs : elle fera ses valises dès vendredi.

Et de poursuivre, en se tournant vers ma collègue :

— Mademoiselle Dépomme, vous lui annoncerez ce soir. C'est bien vous de service ?
— Non, mais je me ferai un grand plaisir de revenir pour lui dire. Depuis le temps qu'elle me casse les pieds, celle-là. Je l'avais pourtant prévenue que ça finirait mal !

Je sens ma collègue qui jubile. Madame Valet semble toujours ne rien vouloir entendre. Comment m'y prendre ? Pendant un moment, je suis tentée de laisser tomber. Mais l'avenir d'une élève est en jeu et je ne peux pas accepter qu'il soit décidé aussi légèrement. Je reprends la parole sur un ton plus calme, presque à voix basse. Il faut que j'arrive à les convaincre de trouver une meilleure solution. D'abord, faire baisser la tension :

— Vous avez raison. Une sanction exemplaire doit être prise. Mais Chantal habite dans un village éloigné, sans moyen de transport. Si nous l'excluons de l'internat, nous la condamnons à ne plus suivre ses cours.

— C'est bien ce que nous espérons. Les parents signeront une lettre de démission, et nous éviterons le conseil de discipline, répond aussitôt ma collègue.

Cela devient de plus en plus difficile. L'envie de ne pas baisser les bras reste la plus forte. Mais comment m'y prendre ? Faire d'autres propositions ? Avec quels arguments ? Tout le monde sait que le professeur en question est mal dans sa peau. Les élèves le redoutent. Ses crises d'autorité ne sont un mystère pour personne. Je le revois traversant le couloir, d'une démarche mal assurée, pour se rendre en cours dans ses inséparables « Derby », frôlant les murs avec son pantalon tergal et laine usagé, bleu marine, surmonté du même imperméable gris, passé par les années et trop tendu par un ventre généreux. J'ai toujours eu l'impression que le bouton allait craquer dans la seconde. Ses lunettes aux verres épais, entourés d'une monture sombre renforcent son côté étriqué et je me suis souvent demandée quelle souffrance pouvait bien recouvrir un tel accoutrement physique. A ma connaissance, il est célibataire. Mais comment séduire une compagne (ou un compagnon...) dans ces conditions ?

Peut-être alors aurait-il moins peur des élèves ? Peut-être serait-il moins agressif à leur égard ? Il est vrai que ceux-ci lui rendent bien la monnaie de sa pièce en ne cessant de se moquer de lui, ce qui ne contribue pas à arranger la situation.

Attaquer pour mieux se défendre est l'arme des faibles. Est-il allé trop loin avec Chantal ? Chantal a-t-elle par ce geste voulu lui signifier qu'elle et les autres en avaient « ras le bol » ?

Je la connais un peu Chantal. C'est loin d'être une mauvaise fille. Un peu bourrue, certes, mais qui ne provoque personne. Par contre, nul doute qu'on la trouve si on la cherche. Pendant que je réfléchis à tout cela, j'entends des bribes de la conversation que madame Valet poursuit avec ma collègue.

— De toute façon, un jour je l'ai entendue dire « Quelle poire ! » alors que je passais devant elle dans la cour de récréation. Je suis sûre que c'était de moi qu'il s'agissait. Rapport à mon nom, bien sûr. Enfin, ça vient de si bas, disait ma collègue à madame Valet.

— Excusez-moi de vous interrompre. Que penseriez-vous d'une exclusion de quinze jours de l'internat et des cours, accompagnée d'un travail donné par les enseignants afin qu'elle ne se considère pas en vacances ?

J'enchaîne rapidement de peur qu'elles ne m'écoutent pas jusqu'au bout.

— On pourrait ensuite lui demander de s'engager par écrit à adopter une conduite « normale » ? Cela suppose bien entendu qu'elle accepte pleinement ces conditions. Je veux bien m'en charger si vous n'y voyez pas d'inconvénients. Je la connais un peu, je pense y parvenir.

Toutes les deux me regardent. Je sens que je les dérange. Elle savent que ma proposition est possible. Il y en a sans doute de meilleures, mais je suis pressée par le temps.

Je me souviens que lorsque j'étais surveillante, quatre mois auparavant, c'est la décision qu'avait prise ma conseillère dans un cas similaire. J'avais trouvé cela plein de sagesse et de bon sens. La suite des événements lui avait donné raison. On ne brise pas l'avenir d'un adolescent pour régler des comptes. J'ai toujours pensé, et je pense encore, qu'une punition doit servir l'individu qui la reçoit et non celui qui la donne.

Cette fois, madame Valet s'adresse à moi comme une mère à sa fille. Le ton de sa voix du même coup se radoucit :

— Madame Tisserand, vous débutez dans ce métier. Je comprends votre démarche. Mais vous savez, avec cette population que nous avons, pour la plupart des enfants de paysans mal dégrossis, (comme à chaque fois, ce mot me fait bondir intérieurement, je suis fille de paysans et mes parents sont très respectables), il faut être sévère. Vous parlez d'une sorte de contrat. Votre inexpérience vous fait rêver. Elle dira oui et dans un mois, elle recommencera. Non, croyez-nous, il faut nous séparer de cette fille avant qu'elle ne contamine les autres.

Je lâche prise. Je ne me sens plus capable de trouver des arguments convaincants. En ai-je d'ailleurs ? Il me reste encore la possibilité de parler du professeur en question, si redouté par les filles. Je sais qu'alors, le ton de la conversation s'envenimera. Elles me demanderont quelles preuves je peux fournir. Les élèves accepteront-elles de parler ? Je n'en suis pas sûre. La peur des représailles... Et puis, ce pauvre homme est sans doute lui même en grande difficulté. Je ne me suis jamais sentie l'âme d'un procureur et le convoquer à un tel tribunal n'est certainement pas le moyen d'améliorer sa relation aux élèves. Si je mets en avant l'expérience des sept années écoulées en tant que surveillante, je ne manquerai pas de provoquer un torrent de condescendance. Echec et mat !

Il est dix-sept heures quand je sors du bureau. J'ai l'impression d'avoir perdu mon temps. Echec probable avec Corinne. Echec total au sujet de Chantal. Si seulement je pouvais rentrer à B... ce soir ! Quatre-vingts kilomètres c'est long, mais la voiture, les paysages de la campagne, si belle dans sa parure automnale, ont toujours été pour moi une étonnante source de réconfort.

Je décide d'attendre le lendemain pour faire part au proviseur de l'état de Corinne. Inutile d'en rajouter ce soir. Il faut que les esprits se calment.

Pour l'heure, je vais poursuivre mon travail quotidien : le suivi des absences. Quand j'arrive dans le bureau, la surveillante a presque terminé de les reporter sur le cahier (on n'utilisait pas encore l'informatique). Je lui demande s'il y a des problèmes. Ouf, tout est clair !

J'éprouve le besoin de partager avec Martine et lui demande, en m'asseyant à mon bureau :

— Que pensez-vous de la décision que prendra Corinne ?

— Oh, vous savez, c'est tout vu. Ses parents ne veulent pas entendre parler de la pilule, encore moins de l'avortement. Je pense qu'ils vont la retirer du LEP rapidement. Elle se mariera, sinon dans l'année, du moins dès que son copain aura dix-huit ans.

Martine se tait et devient songeuse. C'est vrai qu'elle vient d'avoir un bébé. Dans ces conditions, parler de l'avortement n'est peut-être guère indiqué.

Et puis, la loi Weil est encore récente. Elle mettra du temps avant d'être acceptée dans ces contrées.
— Excusez-moi, Martine. Je ne pensais plus que vous veniez d'avoir votre petite fille.
— Non, je crois que vous avez raison. Je suis très heureuse, et mon mari aussi, d'avoir notre petite Julie, mais justement, je pense qu'un enfant, il faut le désirer et surtout être capable de l'élever.

Elle marque une hésitation
— Je n'aimerais pas que la même chose lui arrive plus tard.
— Oui, c'est sûr. Vous savez, pour ma part, je me suis mariée un peu trop jeune. Mon mari désirait un enfant tout de suite. Je n'avais pas encore terminé mes études et lui faisait son service militaire. Je lui ai demandé d'attendre que notre situation soit plus stable et plus confortable. Je crois qu'il m'en a voulu.

Je marquai une pause. A cette époque, je n'étais pas encore complètement guérie. Ma voix tremblait et ma fierté naturelle refusait que je me laisse aller davantage. Je me ressaisis et poursuivis :
— Et vous voyez, maintenant, eh bien, mon enfant verrait son père tous les quinze jours.

Je n'avais encore jamais parlé de ma vie privée avec qui que ce soit au LEP. Ce soir-là, les événements m'y avaient amenée naturellement.

Comment réagit-on face à une situation, si ce n'est en fonction de ses propres valeurs, de ses craintes et de ses désirs ? J'avais conscience de tout cela au sein d'une amertume qui décidément ne me quittait pas. C'est difficile d'être à la fois garante d'un règlement évidemment nécessaire (trois retards entraînent deux heures de colle !) et de passer du temps avec l'élève pour l'aider, au-delà de sa punition, à assumer, voire à revendiquer, la responsabilité de ses actes.

Pour Corinne, le cas semblait désespéré. Convaincre ses parents ? Oui, mais de quoi puisqu'elle ne le savait pas elle-même ? Pourquoi n'en ai-je pas parlé, à l'époque, avec l'assistante sociale ? Je me le demande encore, aujourd'hui. Pas pensé ? Ce fut en tout cas la dernière fois. Durant les années qui vont suivre, c'est la personne avec qui je travaillerai spontanément, dès qu'un cas difficile surgira. J'apprendrai les limites de mes compétences. Je saurai passer le relais.

Martine se lève et enfile sa veste. Il est dix-huit heures trente. Elle rentre chez elle.

— Je pense que vous pouvez peut-être voir ses parents, me dit-elle, mais je connais bien ces familles-là. Je suis née dans un petit village, pas loin de F... où elle habite. L'évolution est lente, par ici.

— Je vais réfléchir. La nuit porte conseil. Et puis, je ne veux pas vous mettre dehors, mais votre petite fille vous attend. A demain et bonne soirée.

— Bonsoir madame Tisserand.

Ce soir, je crois que je l'envie un peu. Les événements de la journée se mélangent à ceux de ma propre vie. Je suis triste. Je décide d'aller voir Annie qui saura me remonter le moral. Elle m'a toujours été d'un grand réconfort. J'ai besoin qu'elle me rassure et me conforte dans mes convictions.

A dix-neuf heures, les élèves internes se rendent au réfectoire. J'y vais comme tous les soirs où je suis de service. Cela me permet entre autres de rencontrer les maîtresses d'internat. Un moment de dialogue important. J'y noue des liens plus étroits avec les surveillantes et nous échangeons des informations sur les élèves, notamment celles qui ne vont pas bien.

Je ne peux m'empêcher d'aller voir Chantal qui est en larmes et l'invite à me rejoindre à mon bureau après le repas. Elle acquiesce machinalement. Entre-temps, ma collègue lui a annoncé sans aucune discrétion et sans ménagement qu'elle était exclue de l'internat.

Bernadette, la surveillante du soir, s'approche d'elle pour tenter de la calmer. Je trouve cela très bien.

Un peu plus tard, Chantal vient me retrouver comme convenu dans mon bureau. J'aurais souhaité un lieu plus neutre et plus agréable mais il n'en existait pas.

Elle a les yeux gonflés. Du rimmel a coulé le long de ses joues et elle renifle. En l'invitant à s'asseoir, je lui tends un kleenex dont j'ai toujours une boîte pour les élèves qui, même enrhumés, n'en possèdent pas souvent. J'ai horreur des reniflements.

Elle sanglote encore. J'essaie d'abord de la calmer mais je trouve difficilement mes mots. Que

lui dire ? Les chances de changer le verdict sont quasi nulles.
    Je décide donc de l'inviter à me donner sa version des faits.
    — Chantal, on commence à bien se connaître toutes les deux, n'est-ce-pas ?
    Elle arrête de renifler et s'essuie les yeux.
    — Un peu, ouais.
    — Tu as confiance en moi ?
    — Ben oui, mais vous êtes forcément aussi de leur côté.
    J'ai à nouveau envie de prendre une cigarette. Je n'ai pas fumé depuis ma sortie du bureau. Chantal ne pleure plus. Elle tripote son kleenex, du moins ce qu'il en reste. Je commence à me demander pourquoi je lui ai demandé de venir. Que puis-je faire ? Lui montrer que je suis différente des autres ? Mais qu'est-ce que ça va lui apporter ? En fait, je crois que j'ai surtout envie de lui donner un peu de chaleur. Ce soir, elle en a besoin. Il faut aussi que je lui explique qu'il y a des comportements à éviter dans la vie. Un jour, c'est un patron qui la mettra dehors. Ce sera pire encore.
    Chantal me tire alors de mes pensées :
    — Madame ?
    — Oui ?
    — Vous l'connaissez notre prof de cuisine ?
    — Tu veux parler de monsieur Goux ?
    — Ben oui, dit-elle, sur un ton de reproche.
Je me tais.

— Je veux dire, vous l'connaissez bien ? insiste-t-elle, en me fixant dans les yeux pour guetter un mensonge éventuel.

— Disons que je le connais un peu. Je n'ai jamais parlé avec lui. On se salue, c'est tout. Je crois qu'il est assez timide...

Chantal m'interrompt et d'un ton mi-agressif, mi-ironique :

— Ah ben ça, on peut dire que vous ne le connaissez pas du tout ! Si vous étiez en cours, vous verriez, tiens ! Il est abominable. Surtout avec nous. Il dit toujours qu'il n'y a pas de grand chef cuisinier chez les filles, qu'on est nulles, qu'il ne comprend pas pourquoi on nous a recrutées, qu'on est moches aussi. Ah, il ne s'est pas regardé dans la glace, lui, hein ?

Cette fois, c'est moi qui l'interrompt. Je sens que ça va dégénérer. Quand Chantal démarre ainsi, elle ne se contrôle plus.

— Calme-toi, et raconte-moi plutôt ce qui s'est passé lundi.

J'adopte un ton rassurant mais sans excès. Il ne faut pas lui laisser croire que je vais lui donner raison. Elle a des torts. Je souhaite qu'elle parvienne à les reconnaître afin d'en tirer une leçon positive pour l'avenir.

— Que s'est-il passé réellement ?

— De toute façon, vous l'savez et c'est lui que vous croyez, alors ça servira à quoi que j'vous raconte ?

— Chantal, tu n'es pas devant un tribunal. Et, même au tribunal, il y a toujours au moins deux versions. Si tu me dis, toi, ce qui s'est passé, je pense que je comprendrai mieux et que je serai plus à même de pouvoir t'aider, si c'est possible.

Silence... Tiens, elle aussi regarde les amoureux de Doisneau... Du même coup elle esquisse un léger sourire. J'en profite :

— Tu comprends ce que je suis en train de te dire ?

— Oui, j'crois.

Elle est sur le point de parler mais se ressaisit aussitôt. Je la regarde pour l'encourager. Elle porte un doigt à sa bouche. Je n'avais pas encore remarqué qu'elle se rongeait les ongles. Je ne dis rien. J'attends.

— Ben voilà, on était en train de préparer le repas du soir, comme tous les lundis. Il rouspétait tout le temps en disant qu'on n'allait pas assez vite, surtout que ce soir-là, il y avait beaucoup de personnes qui avaient réservé et en particulier, la proviseur. Moi, quand on me dit sans arrêt d'aller vite, je m'énerve. Alors, et je vous jure madame Tisserand que je l'ai pas fait exprès, j'ai laissé tomber la salière dans le plat.

Je me permets de l'interrompre :

— C'était quoi ce plat ?

— Une croûte aux champignons.

— Hum ! C'est vrai que c'est dommage. C'est bon ça, mais ce n'était peut-être pas nécessaire de saler autant ! Je comprends que monsieur Goux n'ait pas été content.

— C'était pas une raison pour qu'il m'traite comme il l'a fait.

Sa voix monte d'un ton. Je la sens en colère, prête à exploser à nouveau.

— Ecoute, je ne sais pas ce que ton professeur t'a dit, mais moi, je ne pense pas mériter une telle agressivité, non ?

— C'est pas contre vous que je m'énerve, mais rien que d'y penser... Vous trouvez ça normal, vous, qu'on vous traite de conne, d'incapable, et j'vous dis pas tout... Il a même levé la main sur moi.

— Il t'a frappé ?

— Non, parce qu'à ce moment-là, j'ai arrêté son bras.

Je sens qu'elle hésite à continuer. Normal ! Comme le professeur qui n'avait certainement pas raconté cet épisode, Chantal avait du mal à tout me confier.

Je la regarde. Elle a cette attitude de quelqu'un qui veut parler et qui ne sait pas s'il peut et s'il a raison de le faire.

Je décide de l'y aider :

— Et que s'est-il passé à ce moment-là ?

— Ben, je crois que je lui ai un peu tordu le bras, et comme il continuait à me traiter, je lui ai sorti ses quatre vérités.

Elle se tait. Je suis ennuyée face à elle. Elle a des torts mais je trouve qu'elle les paye trop cher. Du même coup, mon cafard disparaît et renaît en moi l'espoir de pouvoir encore la sortir de cette mauvaise passe. Illusion... de jeunesse, sans doute !

— Chantal, tu sais par mademoiselle Dépomme que tu es exclue de l'internat pour quinze jours.

— Oui, ben celle-là, elle peut pas me voir, répond-elle, en m'interrompant. Je suis sûre que c'est elle qu'a proposé d'me virer !

Je coupe net :

— Ecoute, on n'est pas là pour parler de mademoiselle Dépomme, mais de toi et de ce que tu vas pouvoir faire, d'accord ?

Mon ton est ferme. Il faut qu'elle comprenne que je ne serai pas sa complice, même si je n'en pense pas moins.

Elle se radoucit et poursuit :

— Et bien, je lui ai dit tout ce que j'avais sur le cœur, moi et les autres : qu'on ne l'aimait pas, que s'il me cherchait, moi et les copains, on lui casserait la gueule. De toute façon, il ne serait pas beaucoup moins beau qu'il n'est. Enfin, vous voyez bien quoi, ce qu'on dit quand on est en colère.

Je ne réponds rien. Je comprends son ressentiment. Mais elle était allée trop loin.

Cas classique entre un professeur et un élève quand l'un est un mauvais pédagogue et que l'autre est une adolescente qui souffre. Que faire puisque je ne pourrai pas changer la sentence ? ...peut-être au moins la considérer comme une personne et l'aider à ne pas se laisser détruire par une situation qu'elle n'a pas su contrôler ?

On poursuivit la discussion. Elle me parla de ses projets. Elle s'engagea à chercher un autre établissement. Elle voulait devenir patronne d'un restaurant et me jura qu'elle y parviendrait.

Quand elle quitta le bureau, elle avait retrouvé son sourire et sa détermination. Je ne connaissais pas encore la portée de notre entrevue.

Bien des années plus tard, après que j'aie changé d'établissement à plusieurs reprises, je reçus une lettre d'elle.

Elle m'annonçait son mariage avec un cuisinier. Ils avaient déjà acheté un restaurant. Elle était patronne !

Je ne sus jamais comment elle avait réussi à se procurer mon adresse.

L'an deux

Les Rockies et les Rollies

« *Des rapports plutôt tendus entre deux groupes d'adolescents.*
Un décor de banlieue.
Une fin de journée « comme les autres » : école, sorties du soir et affrontements dans la rue.
Mais ce soir-là, la mort est au bout de cette violence quotidienne.
Qui est responsable ?
La montée de l'agressivité dans les deux bandes ?
La société qui fait elle-même sa justice ?
Un monde bétonné, sourd et aveugle aux problèmes des jeunes ?
Comment les Rockies et les Rollies vont-ils vivre ce drame ? »

La secrétaire avait très gentiment accepté de nous confectionner le programme rédigé par les « artistes » et que deux d'entre eux distribuent à l'entrée du théâtre.

Nous sommes à la veille des grandes vacances. C'est le grand soir. Les élèves ont travaillé toute l'année pour monter leur spectacle. L'ambition fut grande et les moments de découragement nombreux, pour les adultes comme pour les jeunes.

Je suis très émue et j'ai un trac fou au moment de pénétrer dans la salle de théâtre. J'avais quitté l'établissement à la mi-avril, juste avant les vacances de Pâques, lorsque le congé de maternité de la collègue que j'étais venue remplacer avait pris fin. Puis j'avais été nommée pour deux mois dans un lycée d'un département limitrophe où le contexte s'était révélé très différent.

Ce matin, j'avais retrouvé tout le monde, pour l'ultime répétition dans la salle qui tenait lieu de vestiaire.

A mon arrivée, Laurence est en larmes.

Je me précipite vers elle, un kleenex déjà à la main.

— Et bien, qu'est-ce que c'est que ce gros chagrin ?

Elle s'essuie les yeux tout en continuant de renifler.

— Je ne sais plus mon texte, je l'avais noté pour le répéter mais je le retrouve plus.

Je m'enquiers auprès de ses camarades :

— Personne n'a vu son texte ?

Elle perd toujours tout, elle n'a qu'à l'chercher, on l'a pas nous ! répond Nouria sur un ton agressif qui ne laisse aucun doute sur la nature de leurs rapports. Et moi qui avait tellement compté sur cet opéra pour les améliorer...

— C'est toi qui me l'as caché, hein, grosse...

Devant mon regard désapprobateur, elle n'ose pas achever sa phrase.

— Bon, on se calme, d'accord ? Aujourd'hui, il s'agit d'être « pro ». Le spectacle d'abord. Vous en êtes responsables.

Elles ne disent rien. Nouria qui s'était levée précipitamment devant l'accusation de Laurence, se rassied, un peu boudeuse, mais, déjà, les autres reprennent la répétition.

Nouria habite dans une des rues les plus chaudes de la ville. La police ne s'y déplace qu'à grands renforts d'hommes et de chiens. C'est une écorchée vive qui, comme beaucoup de jeunes de son quartier ne connaît rien d'autre que les caves des immeubles et la rue, que la violence et la haine vécues au quotidien.

Ses grands-parents ont quitté l'Algérie dans les années soixante. Avec leurs enfants, ils avaient été logés à l'époque, dans une cité d'urgence, aux abords de la ville. Vu de l'extérieur, cela ressemblait à un bidonville, mais les enfants pouvaient s'y amuser comme nous le faisions dans nos villages. Les parents de Nouria y vécurent une enfance heureuse. Il y avait de l'espace, des champs, une vie dans la nature, avec des structures et des valeurs auxquelles chacun pouvait se rattacher. C'était l'univers que Amor HAKKAR a si magnifiquement évoqué dans son dernier roman[1].

Hélas, la disparition du bidonville a provoqué l'éclatement de cette communauté solidaire des émigrés de la première génération et a entraîné la dispersion de la seconde dans des HLM anonymes où ils n'ont rencontré que la solitude.

La rupture des liens a fait disparaître la transmission des références au sein des familles. L'absence de repères a engendré la violence et la haine. C'est la loi du plus fort qui a pris le dessus, la seule qu'ont jamais connue Nouria et les enfants de son âge.

L'un des buts que nous nous étions fixés dans cette aventure, était précisément d'amener des élèves de classes que tout opposait à nouer d'autres liens à partir d'un projet commun.

Des cris et des fous rires parviennent d'une petite pièce située à côté de la scène. C'est la réserve du matériel et des accessoires où je retrouve quelques collègues et l'équipe de techniciens.

Dans la répartition des rôles, les élèves qui n'avaient pas un grand désir de jouer, soit au total, huit garçons et filles, se virent affectés à la réalisation technique. Cela concernait toute la gestion des équipements et des répétitions, mais aussi les changements de décors durant la représentation elle-même.

La grande idée d'Agnès, le prof de dessin, fut de les intégrer au spectacle.

Répartis par quatre, de chaque côté de la scène, ils portaient tous, filles et garçons, un tee-shirt blanc, un jean et un casque de chantier rouge sur la tête. Présents sur le plateau durant toute la durée de l'opéra, ils ne restaient pas laissés pour compte ; sans pour autant se trouver trop exposés.

Les Rockies et les Rollies, c'est Starmania, West-Side Story, la confrontation des différences dans la violence.

L'histoire était née des élèves et le projet porté par une poignée d'enseignants auxquels je m'étais associée aussitôt que j'en avais eu connaissance. Il s'inscrivait dans ce qu'on appelait alors un projet d'action éducative, qui avait le grand avantage de nous apporter quelques subsides.

Certes nos moyens étaient des plus limités, mais ô combien précieux puisqu'ils nous avaient permis de louer du matériel d'éclairage, de sonorisation et de nous adjoindre quelques intervenants extérieurs. Bien sûr, notre temps était entièrement bénévole et nous le donnions sans compter. En plus des répétitions, il y avait beaucoup de « midi-deux » où plusieurs d'entre nous s'occupaient des préparations matérielles avec une poignée d'élèves volontaires (création et réalisation de costumes, peinture des décors). On se réunissait aussi une à deux fois par semaine, le soir après les cours, pour faire un bilan des séances passées et préparer les suivantes.

Quand je pense à l'idée si répandue que les enseignants ne se contentent que d'assurer leurs cours, il faut croire qu'aucun quidam n'est venu voir ce que faisaient ceux-là. Quelle leçon de courage, de patience, de pédagogie appliquée, en un mot de foi et d'amour aurait-il pu rencontrer au milieu de nous !

Pour moi, tout avait commencé quelques jours après la rentrée de septembre. J'avais reçu un télégramme du rectorat m'annonçant un remplacement de six mois à effectuer au collège J.J. Rousseau de B..., la capitale du département.

Inutile de dire avec quel empressement, j'avais répondu à la proposition. Le statut de maître auxiliaire qui était le mien me laissait dans une situation extrêmement précaire. J'étais « à la disposition du rectorat » qui pouvait, selon ses besoins, faire, ou ne pas faire, appel à mes services. Comme vous pouvez vous en douter, dès le lendemain matin, j'avais pris mes fonctions.

La plupart des professeurs déjeunaient sur place. Cela m'avait permis de faire rapidement leur connaissance. Ce fut Jean-Marie, enseignant la technologie en C.P.A. (classes de pré-apprentissage), et excellent guitariste, par ailleurs, comme j'allais le découvrir un peu plus tard, qui m'avait, le premier, fait part du projet de création d'un opéra-rock avec deux classes.

L'objectif était double : tout d'abord, un travail d'animation sur l'année entière avec une récompense au bout pour les élèves : une vraie représentation du spectacle dans une vraie salle de théâtre, en présence des parents et de nombreuses personnalités.

L'enjeu était aussi et surtout de favoriser l'intégration des élèves de la classe de CPA en les impliquant dans un projet commun avec une classe de troisième. Bien que du même âge, les élèves des deux classes se vivaient supérieurs pour les uns et en échec pour les autres. Ils s'ignoraient généralement. Un projet commun et partagé pourrait-il susciter une autre forme de rapports entre eux ? Les enseignants, désireux de s'engager dans cette aventure, se connaissaient bien. Ils avaient l'habitude de travailler ensemble depuis longtemps. J'étais la petite dernière, mais tellement ravie de pouvoir participer à un projet qui répondait si bien à mes désirs.

La direction nous avait immédiatement donné son accord. Nommé là depuis plusieurs années, le principal faisait entièrement confiance à l'équipe. Et même si le spectacle n'était pas sa préoccupation première, il ne manquait pas de venir assister, de temps en temps, à un moment de répétition pour nous encourager.

Au total, nous avions été cinq adultes à nous répartir les tâches selon nos compétences, nos disponibilités et nos préférences. Parmi les cinq, Agnès, le professeur d'arts plastiques qui avait pris la responsabilité des décors.

Justement, sur le rideau de scène, on peut voir la diapositive qu'elle a proposé de projeter sur quatre mètres de hauteur par trois mètres de largeur. La photo représente, en buste, l'un de nos jumeaux de la classe de troisième. Des lunettes foncées, cerclées de bronze, une crête colorée en guise de coiffure. Il porte un blouson de cuir noir et une grosse chaîne autour du cou. C'est ainsi que Philippe apparaîtra en lever de rideau, comme les douze autres Rockies.

Comme son frère, Philippe est un garçon très doux. Mais tous deux ont choisi de jouer des méchants. Envie du déguisement, plaisir du jeu, attrait de l'interdit ? Beaucoup seraient allés jusqu'à refuser de participer, s'ils n'avaient pas obtenu un rôle si opposé à leur personnalité.

Parents, saurez-vous reconnaître vos enfants dans ces punks d'un jour ?

Tous de cuir vêtus et outrageusement maquillés ; des cheveux verts, bleus, oranges et gominés qui se dressent sur la tête. Les garçons portent des boucles d'oreilles, les filles des chaînes de motos. Ils rient de leur audace. Ils jouent. Ils sont anxieux, fiers et surtout complices et solidaires.

La salle commence à se remplir. Derrière le rideau, j'aide aux derniers préparatifs, et, surtout, je rassure comme je peux.

— Mais non, Lucie, tu verras, tu seras parfaite... Oui, vraiment, Sylvain, tu es magnifique... Attends, Léa, tu as du blanc sur ton blouson... Chouette, les techniciens, vous ne passerez pas inaperçus...

A gauche de la scène, les musiciens s'accordent et vérifient la « balance ». Ils sont trois : Luc, un élève de quatrième à la batterie, Vincent, en classe de cinquième à la guitare et Romain, un musicien professionnel, aux synthétiseurs. Rien n'a été laissé au hasard. Depuis le début, il était clair que l'opéra serait l'œuvre des élèves, mais il y fallait aussi du professionnalisme. C'est pourquoi nous avions fait appel aux compétences d'une comédienne, d'une danseuse et de ce musicien. Leur aide fut précieuse à plus d'un titre. Les répétitions avaient commencé au mois de décembre. Il avait fallu écrire un scénario et les textes des chansons. Le soir après les cours, bien entendu ! Les intervenants respectèrent au mieux le travail des élèves : la comédienne aida à la mise en scène ; la danseuse leur apprit à bouger et monta deux chorégraphies ; le musicien fit l'arrangement musical à partir de quelques airs de chansons qu'ils avaient proposés.

Les premières notes de musique retentissent. Dans la salle bondée, le silence se fait aussitôt. Le recteur, l'inspecteur d'académie, le maire, le principal du collège et les journalistes de la presse régionale ont tous répondu à l'invitation. Beaucoup de parents aussi. Presque tous, alors qu'habituellement, ils ne participent guère à la vie de l'établissement, sauf à y être convoqués.

Mon cœur bat très fort quand le rideau se lève pour dévoiler deux salles de classe reconstituées et séparées entre elles par des barres en fer de couleur rouge et jaune. De part et d'autres, les Rockies et les Rollies sont assis à leurs tables, face à des professeurs plus vrais que nature. L'ambiance est électrique. Quelques uns commencent à chanter, d'autres montent sur les pupitres. Ca y est, c'est parti !

Chacun donne le meilleur de lui-même pour exprimer l'amour, la haine, la soif de justice et d'égalité, mais aussi, et surtout, ses peurs et ses angoisses, ses espoirs. Gérald brille de tous ses feux avec son visage maquillé, la blondeur de ses cheveux, ses gestes souples qui trahissent sa grâce et sa fragilité.

Gérald est élève de CPA où il fut orienté en fonction de sa paresse et non de son réel potentiel. Il en est conscient mais n'a pas voulu saisir sa chance en se mettant au travail pour intégrer l'année prochaine une troisième « normale ». Que de fois Nicole, son professeur principal et pionnière de l'opéra, a discuté avec lui ! Même lors des répétitions, il a souvent voulu laisser tomber. Un soir, après les cours, j'avais dû courir derrière lui pour qu'il vienne répéter avec les autres :

— Que t'arrive-t-il, ça ne va pas ?

— Je suis nul, c'est pas la peine que je continue, je vais tout faire foirer.

— Comment « nul ?, faire foirer ? » ... vraiment, je ne comprends pas !

Tout en lui parlant, j'avais amorcé un demi-tour qui nous ramenait vers la salle de foyer où les autres répétaient.
— Ben oui, je ne retiens pas mon texte, je n'arrive pas à danser. Je vois bien que les autres se moquent de moi.
— Qui se moque de toi ?
— Euh... tous.
— Gérald, sois sérieux. Tu sais bien que ce n'est pas vrai. Si tu pars, c'est toi qui va tout faire foirer.
Il me considéra, interloqué :
— J'vois pas comment.
— Tous les rôles sont importants. TU es important, Gérald. Qu'est-ce qu'on fait si tu t'en vas ? Personne ne peut te remplacer maintenant. Tu sais bien qu'on n'a plus le temps. Alors, réfléchis un peu.
— D'accord, je viens vous donner ma réponse dans cinq minutes.
— Je t'attendrai au foyer.
Il vint en fait plus rapidement. A la fin de la répétition, il avait retrouvé son sourire. Je pense à lui quelquefois encore. A l'occasion de mon dernier déménagement, j'ai retrouvé un poème qu'il m'avait écrit lors de mon départ du collège.
« *Vous...*
Vous qui êtes entrée par hasard dans nos vies... »
Le hasard ? Oui sans doute. Celui qui permet les rencontres... et qui fait les choses d'autant mieux

qu'il peut s'appuyer sur un projet et une équipe qui partage une conception éducative.

La lumière faiblit. Les techniciens sont sur la scène. Vifs et très organisés, ils procèdent au changement de décor. Nous sommes maintenant dans un bar « branché » : un juke-box, des gros bidons de toutes les couleurs en guise de tables, des cagettes en plastique peint pour sièges. Les acteurs entrent en scène. Le rythme hard de la musique se change en slow. Frédéric, le chef Rockie rencontre Marie-Hélène, une Rollie.

Roméo et Juliette, l'amour impossible.

Du groupe des Rockies, Nouria se lève, une chaîne à la main. Le regard noir et provoquant, elle s'approche du groupe des Rollies et bouscule violemment un garçon. Les deux amoureux sentent la tension qui monte. Ils essaient de calmer le jeu, mais en vain. Nul ne saurait transgresser impunément la loi de l'appartenance et de la fidélité au clan.

Isolant Frédéric et Marie-Hélène sur le devant de la scène, le rideau se baisse sur la fin de la première partie dans un tonnerre d'applaudissements.

Allez savoir pourquoi ? Peut-être, Frédéric devant ce grand rideau en mouvement ? Ma mémoire me ramène alors à notre dernier face à face, deux mois plus tôt, juste avant mon départ, à la fin de mon remplacement. Un événement qui restera un des moments les plus forts de ma vie professionnelle.

Ce matin-là, sans doute pour la première fois de ma vie, je ne me réjouis pas d'être en congé le soir même. J'essaie cependant de ne pas montrer ma tristesse.

La sonnerie annonce la récréation de dix heures. En temps normal, le bureau se remplit vite d'élèves. Au collège, les enfants viennent facilement sous n'importe quel prétexte. Ce jour-là, personne. Je trouve cela étrange. Quand tout à coup, telle une bourrasque, Stéphane, un petit de cinquième que je connais bien pour ses multiples frasques, vient m'annoncer une bagarre sous le préau.

— Ah non, ils ne vont pas me faire une chose pareille le dernier jour où je suis là !

— Si, si, m'dame, venez vite...

Stéphane semble très agité. Je me précipite avec lui.

A peine ai-je franchi la porte qui donne accès à la cour que le vertige me saisit : de l'allée au préau, les élèves, les professeurs, les agents et toute l'administration, en deux lignes, comme les spectateurs du tour de France.

Stéphane est devant moi, très fier d'avoir réussi la mission qui lui a été confiée et me fait signe, avec autorité, de continuer à avancer. Quand j'arrive sous le préau, en face de moi, détaché de la masse d'élèves, Frédéric est là, bien droit, entouré de Rachel et Marie-Hélène, deux élèves de sa classe.

Il y a un silence inhabituel. J'ai les jambes en coton quand Frédéric prend la parole :

— C'est au nom de tous les élèves que nous vous remettons ces cadeaux. Nous voulons vous remercier et vous dire aussi combien nous regrettons que vous partiez...

Quelques semaines auparavant, lorsqu'ils avaient su que mon remplacement allait se terminer, ils avaient fait circuler une pétition qu'ils avaient même envoyée au rectorat, en dépit de mes mises en garde et de celles du principal. Nous savions que cela ne servirait à rien, mais peut-on raisonner des enfants quand il s'agit de la raison du cœur ?

Rachel et Marie-Hélène s'approchent et m'offrent une énorme plante verte. Je les embrasse. Puis c'est le tour de Frédéric. Il me regarde, guettant ma réaction, et enlève délicatement le grand drap blanc qui découvre... un lampadaire de photographe absolument superbe : un socle en bois et une tige chromée agrémentés de deux parapluies en toile écrue. Il se mariera parfaitement avec mon salon.

Très émue, je l'embrasse à son tour et je propose que nous nous regroupions tous dans la cour, un peu plus bas, afin que je puisse les remercier. Ma petite taille me fait opter pour la grosse pierre placée au milieu. Je monte dessus. Nicole, mandatée par ses collègues, s'approche de moi. Elle tient une gerbe de fleurs digne du maillot jaune. C'est vrai que ce qui se passe depuis quelques minutes me donne l'impression d'avoir remporté une victoire !

A nouveau, un grand silence se fait.
— Au nom de l'administration, des enseignants, des surveillants, des secrétaires et des agents ; bref, au nom de tous...
Sa voix se casse un peu. Elle ajoute :
— ...et puis, tout simplement pour te dire qu'on t'aime bien et que nous te regrettons déjà.
Depuis ce matin, je lutte pour ne pas pleurer. J'avoue que là, je ne peux plus retenir mes larmes. Elles coulent gentiment le long de mes joues. Ma voix tremble quand je prends la parole :
— Monsieur le principal, monsieur le principal-adjoint, mesdames, messieurs, et vous tous, mes chers enfants, je veux d'abord...
Je ne sais plus ce que j'ai dit. C'est mon cœur qui a trouvé les mots. J'avais tellement à leur exprimer et cette matinée avait passé si vite, comme les sept mois qui l'avaient précédée...

Sur scène, maintenant, les lumières sont jaunes. La bagarre est à son apogée. Nous sommes sur une place publique, dans une banlieue ouvrière, au milieu des immeubles. C'est la nuit. Tiré d'une fenêtre, un coup de feu retentit. Les projecteurs s'éteignent. Seul, un faisceau lumineux éclaire un corps étendu sur le sol. C'est Marie-Hélène, l'amour interdit du Rockie. Une Rollie approche et s'écrie :
— Elle est morte !
D'autres cris lui répondent en écho, tandis qu'une musique douce et qui semble monter des ténèbres, accompagne le pas lent de Frédéric. Fou de

douleur, pâle et contenant difficilement ses larmes, il chante son désespoir, son amour perdu, son refus de la violence sauvage et imbécile.

Le silence dans la salle, comme sur la scène, me donne à nouveau des frissons. Il émane de Frédéric, si peu sûr de lui en général, si mal à l'aise dans son corps, quelque chose de terriblement émouvant.

Frédéric, au moment où j'écris, le lampadaire est sous mes yeux. Il a survécu à tous mes déménagements !

Les techniciens ont enlevé le décor. Les Rockies et les Rollies sont regroupés sur la scène en un chœur final. Ils s'adressent à la société, à nous les adultes présents ce soir, pour dire leur désir d'un monde plus accueillant, plus convivial et plus fraternel. Leur chant est un cri de révolte, d'amour et d'espoir.

La salle se lève et applaudit. Puisse l'avenir donner raison à leur espérance et répondre à leurs aspirations.

Pendant les salutations, je m'entrevois, tout à coup, au bord du chemin, tandis que défile sous mes yeux une cohorte d'élèves en marche vers leur avenir. Que deviendront-ils tous ? Comme je les aime ce soir et comme je voudrais que la puissance de leur attente se réalise à la hauteur de leur espoir !

Bousculée par trop d'émotion, je fais quelques pas avant de rentrer chez moi. Je me sens seule, très seule.

Je ne sais pas où j'effectuerai ma prochaine rentrée, mais je suis sûre de ce que je viens de perdre : un homme dans ma vie et un établissement dans lequel j'ai tant aimé travailler.

Je pleure, je ris... Petits bonheurs, mauvais souvenirs, incertitudes pour demain. Tout se mélange dans ma tête. La nuit est noire. Je lève les yeux vers le ciel.

Tiens, il n'y a pas de lune ce soir !

---

[1] Amor HAKKAR - *La Cité des Fausses Notes* - Editions Pétrelle 2000

L'an deux (suite et fin)

De misère en misères

Quel salaud celui-là ! Qu'il ne s'avise jamais de recommencer. Et qu'on ne me dise pas que je l'ai provoqué. Me mettre la main aux fesses ! J'ai dû faire un effort surhumain pour ne pas lui coller la mienne sur la figure. Seulement voilà : gifler un supérieur hiérarchique risquait fort de compromettre mon avenir. Je ne suis que maître auxiliaire ; sans autre horizon que celui de remplacements au mieux susceptibles de s'enchaîner. Il suffirait de peu pour que l'Education Nationale me tire sa révérence.

Déjà que mes rapports avec le proviseur de ce nouveau lycée ne sont pas des meilleurs...

A mon arrivée, deux semaines plus tôt, il m'avait fait dire par sa secrétaire qu'il ne pouvait pas me recevoir dans l'immédiat. J'en avais profité pour faire la connaissance de mes deux nouveaux collègues.

Suzanne Valère, jupe plissée bleu marine et gilet de la même couleur, un chignon gris comme celui de feu ma grand-mère, m'accueillit avec un franc sourire. Elle me semblait proche de la retraite. Elle avait la voix douce d'une carmélite et beaucoup de gentillesse dans le regard. Je la respecterai pour cela. Notre différence d'âge, par contre, creusera un énorme fossé entre nos manières de travailler. Quant à Jean-Pierre Haas, il m'est d'emblée antipathique. Je sens que nos rapports seront difficiles. Tous deux me font faire une visite rapide de l'établissement.

Le lycée hôtelier Belin date de Mathusalem, et l'intérieur est passablement dégradé. Ce que je vais voir par la suite défie tout entendement. De retour au bureau, mes deux collègues me présentent l'emploi du temps qui m'est attribué : plus de cinquante heures de travail à assurer par semaine, en comptant les deux nuits d'internat ! Mon sang ne fait qu'un tour. Je n'accepterai pas une telle proposition. C'est ce que je me répète avec conviction en attendant près d'une heure, dans un couloir décidément sinistre, que le proviseur veuille bien me recevoir.

— Vous êtes madame...
— Madame Tisserand.
— Ah oui, veuillez m'excuser, j'avais oublié votre nom. Vous comprenez, j'ai beaucoup de

choses importantes à traiter en ce moment, alors... mais, asseyez-vous !

Je m'assois.

Au premier abord, son apparence ne suscite pas mon enthousiasme : petit, rondouillard et barbu, des lunettes fumées qui masquent un regard fuyant, un maintien austère qui contredit toute la bonhomie que ses rondeurs inviteraient à supposer.

— Vous faites fonction, je crois ? me rappelle-t-il, sur un ton mi-agacé, mi-ironique.

Je me tiens sur mes gardes et ne réponds pas.

— Nous avons un gros établissement et de très bons résultats aux examens. Vous remplacez madame Grand. Vous prendrez son emploi du temps.

Je l'interromps aussitôt.

— Monsieur le proviseur (en insistant sur ce terme, pour bien marquer la distance), permettez-moi de vous rappeler que la législation ainsi que le statut de ma fonction, prévoient un maximum de trente neuf heures. Je ne suis pas logée. J'accepte cependant d'assurer deux nuits si vous pouvez mettre une chambre à ma disposition. Mais je refuse de faire cinquante heures de travail par semaine.

Il devient tout rouge et hausse le ton :

— Vous acceptez ces conditions ou vous refusez le poste.

Le ton autoritaire qu'il adopte a pour effet de me rendre encore plus déterminée à me défendre.

— Je n'accepte pas ces conditions et je ne refuse pas le poste. Si nécessaire, je demanderai l'intervention de mon syndicat, ainsi que celle du rectorat. Vous savez très bien que j'obtiendrai gain de cause.

Il fulmine. A ce moment-là, entre son adjoint.

— Ah, monsieur le censeur, vous tombez bien.

Celui-ci me tend une main moite et s'assied.

— Madame, reprend le proviseur qui semble avoir déjà oublié mon nom, madame conteste son emploi du temps.

Le censeur arbore un large sourire. Je ne sais pas encore si c'est le respect de l'autorité, s'il se fiche de moi ou les deux à la fois. La suite me le dira.

— Vous êtes d'accord, monsieur le censeur, que nous devons faire tourner l'établissement. Nous manquons de personnel, c'est incontestable, mais nous devons faire face.

Sans répondre franchement, le censeur hoche la tête. Le proviseur se tourne alors vers moi :

— Madame, avez-vous bien réfléchi ?

— Absolument, monsieur le proviseur.

— Très bien. Nous nous reverrons plus tard. Vous me présenterez l'emploi du temps que vous vous serez « confectionné ». Au revoir, madame.

Et il se lève en m'invitant à gagner la sortie.

Je ne sais pas encore où je vais loger. Je regagne le bureau des CPE. Mon collègue est là, l'air tout affairé. Je m'efforce de lui sourire et lui annonce que je vais modifier l'emploi du temps prévu. Il me regarde mi-admiratif d'avoir osé défendre mes droits, mi-réprobateur de venir semer la zizanie dans un monde apparemment bien ordonné.

— Auparavant, peux-tu me dire où je vais dormir pendant mes deux nuits d'internat ?
— Je pense qu'il n'y a plus qu'une chambre de libre. Je te préviens, c'est minable ! me répond-il un peu gêné.
— C'est à dire ?
— Elle est située au grenier, au-dessus des dortoirs des filles. Je pense que le mieux est de t'y emmener.
— Ce sera aussi l'occasion de me faire voir l'internat, si tu veux bien.

Il se lève, prend son gros trousseau de clés et me conduit là où, encore aujourd'hui, je me demande si je n'ai pas tout simplement fait un cauchemar, une nuit de pleine lune.

Pour arriver à ce qui sera « ma chambre », il faut monter trois étages. Il y a quatre dortoirs, dont deux rénovés très récemment. Ceux là sont agréables : des chambres de quatre lits, dans des tons pastels, mauves et verts, très apaisants. Les élèves de BTS et de terminale les occupent. L'année prochaine, tous les autres dortoirs seront refaits.

Tout en écoutant ses explications, je le suis dans le dernier escalier. Il y fait très sombre. Les murs sont écaillés, le bois craque sous nos pieds. Il ouvre une première porte, cherche la lumière, la trouve enfin. L'ampoule ne doit pas dépasser quarante watts. C'est effectivement un grenier, un vrai : des planches debout, à droite de la porte ; des morceaux de bois disséminés çà et là. Je trébuche et, en voulant me retenir, ma main touche une toile d'araignée. Je hurle !

— Je t'avais prévenue, me dit-il, pas très à l'aise, c'est un grenier, alors ne sois pas surprise par ce que tu y trouves. Mais, rassure-toi, il y a une femme de service qui dort là aussi.

— Tu parles, si ça me rassure ! C'est un décor de film d'horreur ! Jamais je ne pourrai dormir ici ! Et puis, je parie qu'il y a des rats.

Il ne répond pas et ouvre une autre porte qui donne sur un couloir, tout aussi mal éclairé. On arrive dans la chambre qui m'était destinée. Peut-on décrire l'indescriptible ?

Un plafond qui tombe en morceaux. Un papier à fleurs, sans doute bleu à l'origine, qui est arraché en de nombreux endroits. A gauche, en entrant, un lit qui a dû servir à des élèves avant la dernière guerre mondiale. Je m'y assois pour tester le sommier et le matelas : ça grince en s'enfonçant démesurément sous mes quarante-sept kilos ! Quant au lavabo, il est noir de crasse. L'unique robinet d'eau froide ne coule pas. J'ai envie d'exploser.

Aujourd'hui, j'éclaterais de rire devant le spectacle d'une telle désolation et le manque de scrupules d'un chef d'établissement qui ose loger du personnel dans de telles conditions. Entre-temps, j'ai souvent dû « pleurer » pour obtenir des réparations dans les différents appartements de fonction que j'ai occupés. La plupart du temps, en raison de délais toujours repoussés par manque de budget, j'ai dû assurer moi-même et à mes propres frais, les réfections indispensables. Le pire dans cette affaire est de laisser, au fil d'une mutation, un appartement impeccable pour s'en voir attribuer un nouveau où tout est à refaire. Il faut dire, aussi, que la simple idée de procéder à un état des lieux, comme il est d'usage partout à l'arrivée et au départ d'un occupant, doit apparaître comme une idée encore trop nouvelle au sein de notre administration puisque je ne l'ai jamais vue appliquée, à ce jour.

Nous quittons l'endroit rapidement. J'en ai assez vu et entendu pour la journée. En redescendant vers le bureau, je sais que je ne peux pas refuser le poste. Il faut que je travaille. Je n'ai pas d'autre choix.

Je téléphone à un collègue que je connais bien, représentant syndical de surcroît. J'ai besoin d'exprimer ma rage et d'être rassurée sur mes droits.

Quand je raccroche, je sais que je peux modifier mon emploi du temps et que la responsabilité de l'internat ne m'incombe pas dans de telles conditions. Il me suggère de faire une photo du grenier pour la publier dans son prochain bulletin syndical. Je ne le fais pas. J'affronterai les rats et les araignées pendant un mois et demi.

Quelques jours après mon arrivée, le censeur m'appelle dans son bureau :

— Asseyez-vous, je vous en prie, me dit-il d'un ton qui se veut affable. Vous savez, il ne faut pas accorder trop d'importance à l'humeur du proviseur. C'est un père de famille de cinq enfants, catholique intégriste, et qui ne supporte pas qu'on remette en cause son autorité. Mais, poursuit-il, en louchant sur ma robe, qui découvre légèrement mes genoux, je peux vous aider. N'hésitez surtout pas à venir me voir si vous avez le moindre problème.

J'avais déjà ressenti un certain malaise lors de notre première rencontre. Ce malaise ne fait qu'empirer. Je n'aime pas le regard malsain qu'il pose sur moi. Que s'imagine-t-il ?

— Je vous remercie mais tout va très bien, lui répondis-je, en me levant.

J'ai hâte de partir. Il ne me retient pas, mais le lendemain, il vient me demander de faire un affichage avec lui.

— Je vous rejoins dans quelques minutes, lui dis-je, j'ai un parent d'élève à contacter.

— Très bien, c'est sur les panneaux qui se trouvent dans la cour.

Après avoir raccroché le téléphone, je quitte le bureau tout en signalant au surveillant l'endroit où il pourra me joindre, en cas de nécessité. En arrivant dehors, j'aperçois le censeur qui m'attend, les mains dans les poches. Il ne me quitte pas des yeux. J'essaie de me montrer indifférente. Surtout ne pas sourire. Il pourrait prendre ce signe pour un encouragement. Gardant le scotch et les punaises, il me tend le paquet de feuilles à afficher.

Les panneaux sont en aggloméré. Ce n'est pas facile d'y fixer les punaises et le scotch tout seul ne colle pas suffisamment. Aujourd'hui, je porte un pantalon. Cela me permet de poser les feuilles par terre et de les prendre au fur et à mesure sans paraître provocante. C'est sans compter sur ma naïveté. Il m'aide à fixer la première feuille. Je me baisse pour en prendre une autre et, au moment où je me relève, je sens sa grosse main sur la partie la plus charnue de mon anatomie. Je me retourne vivement. J'ai une envie folle de le gifler. Mon regard de haine n'atténue pas la convoitise que je lis dans ses yeux.

— Ne recommencez jamais ça, lui dis-je avec violence.

— Vous savez... je peux beaucoup vous aider, me répond-il, avec un sourire inquiétant.

Mon Dieu, qu'il est moche ! On dirait une larve gluante :

— Non merci ! Je n'ai nul besoin de votre aide.

Il ne répond rien et continue à me fixer d'un regard lubrique que je m'efforce d'ignorer. Pauvre type ! Je suis furieuse ! Cette position d'auxiliaire commence à me peser. Je souhaite de toutes mes forces réussir le concours que je vais enfin passer en octobre prochain.

Le soleil et la perspective de rester peu de temps dans ce lycée parviennent à me calmer. On est mercredi. Je rentre chez moi à treize heures. J'ignore que le pire est encore à venir...

En arrivant à B... après avoir garé ma voiture et relevé mon courrier, je grimpe les escaliers quatre à quatre, contente de retrouver mon « chez-moi ». Sur la table, où figurait habituellement une tasse posée à côté de la cafetière électrique branchée, je ne trouve qu'un billet, sur lequel ces quelques mots sont griffonnés :

— Adieu, je pars.

Ce fut le dernier message de Romain avec qui je partageais ma vie depuis quelque temps. Je ne le reverrai que le soir de la première de l'opéra-rock. C'est lui qui assure, en tant que professionnel, la partie musicale.

Personne ne sut alors ce qui redoubla si fortement mon émotion, ce soir-là.

L'an trois

Bonheurs de neige

Je souris d'aise en croisant des voitures rangées sur le bas-côté de la route. Toutes en panne : les CX, les 504 Peugeot, les R21, qui me doublaient régulièrement tous les matins. Il faut dire que cet hiver fut plutôt rude. De la neige à profusion et un froid épouvantable. Hier, il a fait moins 35° à P... lieu de ma nouvelle affectation. Dans mon poste précédent, j'avais eu à affronter le brouillard. Il me faut, maintenant, vaincre la neige et le froid d'un nouveau département.
 Il est sept heures et demie à ma montre. Maintenant, c'est sûr, je n'arriverai pas à l'heure... En accélérant, je risque un accident, mais tant pis, j'ai soixante kilomètres à faire et si je continue à rouler comme un escargot, j'arriverai avec une bonne heure de retard. J'essaie de me rassurer. Mes deux collègues habitent sur place. Un des deux sera présent pour la rentrée des élèves. Mais quand même, je n'aime pas être

en retard. Je ne suis jamais en retard. C'est quelque chose qui m'est insupportable.

Ce matin, le réveil avait sonné à cinq heures comme d'habitude. Je n'avais pas ouvert les persiennes tout de suite. Je redoutais une journée glaciale. A la radio, l'annonce de la météo n'avait rien d'encourageant :

« Il a neigé cette nuit dans toute la France. On enregistre un mètre de neige au-dessus de 800 mètres... »

Je me précipitai à la fenêtre pour ouvrir les volets et la refermai aussitôt. « Mon Dieu ! » C'était vrai. Il y en avait partout. Et quel froid ! Comme pour accumuler une réserve de chaleur, je commençai par me servir une double ration de café. Tout en étalant, sur une large tartine, une bonne couche de confiture à la fraise confectionnée par ma mère, j'écoutai les conseils de prudence du journaliste :

« Il est vivement recommandé à tous les automobilistes qui le peuvent de laisser leur véhicule au garage et d'emprunter les transports publics ».

Je me surpris à répondre à haute voix :

— Ah oui, et comment tu fais ? Tu prends le métro pour aller rejoindre ton poste au lycée de P... !

Et je me fâchai avec lui aussi fort que s'il buvait son café, assis en face de moi, dans ma petite cuisine.

J'en riais encore au volant de ma Dyane.

Peut-être n'aurais-je pas dû prendre la route ? Mais, je n'étais pas malade. Je n'avais donc aucune raison de rester chez moi.

Au fait, je vous ai déjà parlé de ma nouvelle acquisition, qui est la reine des voitures ?

J'ai changé de véhicule l'été dernier et me suis laissé séduire par cette occasion un peu fatiguée, mais en bon état. Elle n'a rien d'une voiture de luxe, tant par son design que par son équipement intérieur plutôt spartiate. Je ne suis pas fortunée. J'ai donc choisi l'économie, mais attention, avec discernement et perspicacité. Tout le monde sait que les 2 CV, c'est increvable et que ça tient la route mieux qu'aucune autre voiture. Et depuis que j'ai rafistolé le plancher, un peu ajouré, il est vrai, à coups de résine et de fibre de verre, il est comme neuf. Les plaisanteries des amis concernant de prétendues allures de « bonne sœur » ou « d'assistante sociale » ont même singulièrement diminué depuis que j'ai repeint la carrosserie en noir laqué et gris métallisé du plus bel effet.

Je venais de parcourir une vingtaine de kilomètres. Quelques voitures, de moins en moins nombreuses, étaient arrêtées sur les bas-côtés.

Aucune circulation, sauf ... tiens, mais oui, une 2 CV qui arrive en face ! Nous échangeons un grand signe en nous croisant. Quand je vous disais que nous autres, les propriétaires de 2 CV, étions des gens fort avisés d'avoir su percevoir les exceptionnelles qualités de ces formidables voitures !

Je me rassure et m'encourage comme je peux. Je grelotte. Il faut préciser que le chauffage n'a pas dû être une priorité pour le constructeur. Je dois gratter l'intérieur du pare-brise toutes les dix minutes et je laisse fonctionner les essuie-glaces en permanence. C'est le seul moyen de n'avoir pas à m'arrêter tous les cinq cents mètres pour dégivrer.

Il fait encore nuit. J'ai quitté mon domicile à sept heures moins le quart. Mon garage se trouvant en contrebas, il m'a fallu commencer par pelleter la neige pour sortir la voiture. Un voisin, monsieur âgé et en retraite ayant l'habitude de se lever aux aurores, m'y a aidé.

Je consulte ma montre tous les quarts d'heure. C'est plus fort que moi : la peur d'arriver en retard ! J'aurais aimé trouver une cabine téléphonique pour prévenir le proviseur, mais la route de P... est déserte. J'ai dépassé les quelques rares villages existants. L'heure qui passe est mon seul souci. J'accélère un peu ce qui a pour effet de mettre aussitôt ma voiture en travers de la route. Pas d'affolement : débrayer en contre-braquant, puis attendre trois secondes comme je l'ai appris depuis que je fréquente les routes enneigées de la région. Ouf ! pas de bobos. Mais jusqu'à quand ?

J'enlève un gant pour allumer une cigarette. Le contact du volant est glacé mais la cigarette me procure l'illusion d'un peu de chaleur. Je suis engoncée dans une tonne de vêtements : un bonnet à poils blancs, cadeau de ma marraine à Noël, un manteau de fourrure « écologique » acheté dans une friperie, de couleur marron, et des grosses bottes de neige en vinyl, bien fourrées mais inesthétiques au possible... et je ne vous parlerai pas du nombre de pulls, pantalon et caleçon par-dessous. Imaginez la réplique grandeur nature de gros nounours dans « Bonne nuit les petits » et vous serez encore en-deçà de la vérité.

Heureusement, mon sac de voyage est bien posé sur le siège arrière. J'y ai mis les bottes en cuir fauve et la redingote assortie que j'affectionne en cette saison pour leur couleur chaude. Dès mon arrivée, j'ai pour principe d'aller me changer rapidement dans l'appartement qui a été mis à ma disposition. Je suis trop attentive à mon apparence pour me présenter à mon travail déguisée en marmotte dépareillée. J'assure la responsabilité de l'internat deux nuits par semaine et comme je ne suis nommée que pour un an seulement, je n'ai pas souhaité déménager. L'appartement est vaste. J'y ai installé un lit d'interne et une cafetière électrique ainsi qu'un nécessaire à la fabrication de bougies qui occupe un bon tiers de l'espace. Tous les ans, à la période de Noël, j'ai l'habitude de fabriquer des bougies qui feront des petits cadeaux pour ma famille et mes amis. J'avais d'abord envisagé de créer un club pour les élèves mais il n'y avait aucun local pour ce genre d'activités dans l'établissement. Le seul existant était ce fameux foyer pour lequel je venais, enfin, d'obtenir l'accord sur le principe de sa réfection et qui était devenu l'objet de toutes mes préoccupations.

Je continue à rouler doucement. La semi-obscurité m'empêche de distinguer le paysage qui avait su me ravir en automne. Ici et là, des paquets de neige tombent des arbres. Cela commence à ressembler à un film d'Hitchcock. J'ai des frissons. Sans doute le froid.

Mais que se passe-t-il tout à coup ? Les arbres deviennent noirs. Leurs troncs prennent une forme humaine. Les cimes ont des visages d'ogre. Que me

veulent ces monstres géants ? Plus j'avance, plus ils se baissent et se resserrent sur moi.
Je ne vois plus rien. Je n'entends plus que de sinistres craquements. De lourdes branches ploient à ma rencontre. A l'aide, j'étouffe ! Il me faut desserrer mon écharpe pour pouvoir respirer et me reculer sur mon siège pour les éviter. Ils vont péter mon pare-brise, ces cons. Je tremble de tous mes membres. Au secours, maman ! Il faudrait que je m'arrête, que je me calme, mais j'ai peur de ne pas pouvoir repartir. Des bouffées de chaleur m'envahissent, ma respiration devient haletante. Je suis sûrement aussi blanche que la neige qui recouvre la route. Ah, oui la route !

Alors que je reprends mes esprits et retrouve un peu de calme, l'essuie-glace côté passager commence à faire un drôle de bruit. Il s'arrête. Je n'ai plus beaucoup de visibilité, d'autant que la neige s'est remise à tomber. Mais dans quelle galère me suis-je fourrée ? A croire que j'aime cela... Pas de voiture en vue, ni devant, ni derrière, ni en face. Pourvu que l'autre essuie-glace ne lâche pas ! Encore quelques centaines de mètres et c'est le moteur qui s'arrête dans un dernier hoquet.

Un coup d'œil à la jauge d'essence. Pas de problème. Il me faut sortir et m'enfoncer dans la neige jusqu'à mi-mollet pour ouvrir le capot. Rien à dire : les quatre bougies sont bien en place !

Ne comprenant rien à la panne, je remonte dans la voiture. Même sans chauffage, il y fait moins froid qu'à l'extérieur. J'allume une cigarette. Il ne me reste plus qu'à prier le ciel qu'une autre voiture vienne à passer. Il doit bien rester quelques 2 CV à rouler, quand même ?

Une lueur d'espoir m'envahit en apercevant dans le rétroviseur deux phares qui m'éclairent bientôt de leur lueur jaune. A peine ai-je eu le temps de distinguer deux silhouettes sombres dans la cabine du chasse-neige qui est passé à toute allure et qui, déjà, disparaît, en abandonnant un mur de neige de soixante centimètres de haut projeté sur son passage et qui réduit à néant toutes mes chances de pouvoir m'en sortir.

Une cigarette puis une autre. Je songe à la réunion que j'avais programmée à dix heures et demie ce matin : une réunion de la plus haute importance avec les délégués de classe et un architecte qui devait valider le projet.

L'affaire me tenait à cœur. A mon arrivée dans ce LEP (Lycée d'Enseignement Professionnel) construit depuis plus de vingt ans et jamais entretenu, je m'étais fougueusement battue pour tenter d'obtenir un lieu de vie décent pour les élèves.

Sans doute marquée par l'expérience du grenier qui me servit de résidence secondaire, deux soirs par semaine, au lycée Belin que je venais de quitter, je fus d'emblée écœurée par le lieu sordide qui servait ici de foyer aux élèves : une ancienne cave au plafond voûté et au sol de terre battue. L'humidité qui y régnait, occasionnait des taches de moisissures sur des murs si délabrés qu'on n'y distinguait plus la couleur d'origine. Quelque chose entre le jaune pisseux et le vert de gris.

La cause avait été difficile à défendre. Mes deux collègues, tous deux du sexe masculin, ne s'étaient jamais sentis très concernés par une telle question. Ils se contenteront de me laisser carte blanche pour tenter de convaincre le proviseur, en sachant combien la partie sera rude.

Naïveté, inconscience et enthousiasme de ma jeunesse ? Confiante dans mon intuition et mes atouts de petite bonne femme entêtée, j'avais choisi de relever le défi. Cela n'avait pas été facile et la partie était loin d'être gagnée. Je me heurtai d'abord au refus du proviseur qui avait une théorie bien arrêtée :

— Vu leurs dégradations et l'état dans lequel ils ont mis ce lieu, je ne donne pas deux mois, si on le rénove, avant que tout ne soit à refaire !

— Mais non, monsieur le proviseur, (à lui aussi je donnais du « monsieur le proviseur » tant il se montrait froid dans ses contacts), c'est un cercle vicieux qui fonctionne dans les deux sens. Un graffiti en appelle un autre et un autre encore. Je vous assure que si nous voulons conserver cet endroit propre, il faut commencer par le rendre beau.

— De toute façon, ils ne sont pas là pour avoir un foyer mais pour travailler. On n'est pas au club Méd'. Et pour commencer, à compter du prochain trimestre, ils iront en étude surveillée dès dix-huit heures. Ainsi, ils n'auront pas à traîner dans la cour et dans le froid !

A bout d'arguments, je ne me résignai pourtant pas. Ma proposition de fermer purement et simplement le foyer pour insalubrité afin d'essayer de faire évoluer les choses ne m'attira qu'un tollé général de la part des élèves.

Je décidai alors de me tourner vers les enseignants élus au conseil d'administration afin de faire mettre cette question à l'ordre du jour. Dans le même temps, j'essayai de sensibiliser les élèves et leurs délégués élus de l'intérêt d'une rénovation. La décision prise par le conseil de me confier la responsabilité d'un pré-projet marqua ma première victoire.

J'y associai aussitôt tous les acteurs possibles, à commencer, bien sûr, par les élèves eux-mêmes. Nous avions vu large mais utilitaire : un espace pour le ping-pong, un coin baby-foot mais aussi un coin musique et télé que les filles avaient défendu bec et ongles. Et tout cela tenait dans ma sacoche posée sur mon siège !

Anne, ne vois-tu rien venir ? On dirait que la neige cesse de tomber. Le jour commence à se lever. Je regarde ma montre. Il est huit heures et quart. En principe, je devrais être à mon poste depuis une demi-heure.

La prochaine voiture ne passera peut-être pas avant longtemps. Si mes souvenirs sont bons, il devrait y avoir un village pas loin d'ici. Je ferme la Dyane et, équipée de mon baluchon et de ma précieuse sacoche, je me dirige, pas très rassurée, vers la civilisation.

Trois-quarts d'heure se sont écoulés, depuis mon arrêt forcé, lorsque je pousse la porte du petit café du village. En déposant mon attirail sur la grande table en formica bleu qui occupe le centre de la salle, je commande un café au patron qui grogne un vague « b'jour ». L'image que me renvoie alors la grande glace qui me fait face n'est pas des plus glamour. La neige fond sur mes bottes et forme une grosse flaque au milieu de laquelle je patauge.

— Est-ce que je peux téléphoner, s'il vous plaît ?

— C'est dans le couloir, me répond-il, en s'activant mollement.

Je commence par appeler la secrétaire du proviseur pour l'informer de mon retard et lui expliquer que je ferai tout mon possible pour arriver à dix heures et demie et qu'il ne faut surtout pas annuler la réunion. Puis, feuilletant l'annuaire écorné qui traîne sur une tablette, j'appelle un dépanneur afin d'essayer de tenir la promesse que je viens de faire assez inconsidérément. A l'autre bout du fil, la femme du garagiste m'assure « qu'il va venir aussi vite que possible, mais, vous vous doutez bien, madame, que vous n'êtes pas la seule dans ce cas-là, etc., etc. »

J'insiste pour la convaincre de l'urgence en prétextant le cas de force majeure.

Une demi-heure plus tard, je sirote mon deuxième café, tout en contemplant le projet du futur foyer étalé sur la table.

C'est le dernier état auquel nous sommes arrivés. Comme pour l'opéra-rock, l'année précédente, chacun y a mis tellement de lui-même que je crois l'avoir adopté comme on adopte un enfant. L'enjeu pour la réunion d'aujourd'hui n'est pas mince. J'espère de tout mon cœur que l'architecte retenu par l'administration saura comprendre et respecter les choix des élèves et de l'équipe qui s'est investie avec tant de passion.

Dans ce lycée, c'est la première fois qu'autant d'élèves se réunissaient avec leurs enseignants et quelques surveillants autour d'un projet commun. Personne n'a compté son temps ni ses efforts. Il importe que tout cela soit respecté.

Le pire serait de tomber sur un de ces bureaucrates imbu de sa personne et méprisant l'opinion des néophytes... En réalité, le pire serait que je n'arrive pas à temps pour la réunion ! Mais qu'est-ce qu'il fout ce garagiste, nom d'une pipe ?

J'en étais là dans mes réflexions, en extrayant la dernière cigarette de mon paquet, quand une main me tendit un briquet allumé.

— Vous permettez ? me demanda un visage que j'entrevis d'abord vaguement à travers une bouffée de fumée.

Ne me laissant guère le temps de répondre, il s'assit à côté de moi, commanda un café et engagea la conversation :

— Vous venez de loin ?

— De B...

— Vous n'avez pas eu peur avec une route pareille ?

— Disons que je n'y ai pas vraiment pensé tant que ma voiture a bien voulu rouler.

— Ah bon, vous êtes en panne ?

— Oui, ajoutai-je, mais je ne pensais pas que cela pouvait m'arriver — et de poursuivre avec emphase, tout en espérant dans ma tête avoir trouvé le sauveur qui allait naturellement me conduire à P... où il se rendrait justement — ... voyez-vous, j'ai une Dyane. En principe c'est une voiture extrêmement fiable et...

— Je suis en panne, moi aussi, m'annonça-t-il, sobrement

— Ah bon !

Son regard se porta alors sur les feuillets dispersés sur la table.

— Vous êtes architecte ?
— Quelle drôle de question. Non, pas du tout. Pourquoi ?
— Ces plans... Vous construisez peut-être une maison, alors ?

J'éclatai d'un rire franc. Moi, sans le moindre sou, construire une maison ? Sans compter qu'il n'était guère question en ce moment de penser à m'enraciner quelque part. Ma position de stagiaire (j'avais été reçue au concours) ne m'apportait qu'une seule certitude : celle que je serais, forcément, nommée ailleurs à la prochaine rentrée.

Je lui expliquai brièvement ma situation professionnelle, ainsi que la nature et l'objet des plans.

— ...c'est pourquoi je suis doublement ennuyée d'être tombée en panne. Nous devons nous réunir ce matin, afin de présenter cette proposition à un architecte qui sera chargé de la conception du plan final.

Il prit un air sérieux et me demanda :
— Serait-ce monsieur Farlo ?
— Oui, c'est ça, vous le connaissez ?
— Très bien, oui.

Il laissa passer deux secondes avant de me tendre la main avec un grand sourire :
— Robert Farlo...

Quelques instants plus tard, nous étions en pleine conversation autour des papiers.

En bonne ambassadrice du projet, je lui en commentais chaque détail, guettant son approbation ou ses critiques, insistant surtout sur la philosophie globale, les élèves à embarquer pour les aider à s'approprier « leur » foyer, l'équipe à ne pas décevoir.

Lui, studieux, précis, les lunettes perchées sur le bout du nez, questionnait, s'intéressait, comprenait, voulait en savoir plus.

— Vous savez, disait-il, je connais et j'aime bien les enfants. J'en ai trois. Le cœur de mon métier, c'est améliorer le cadre de vie en respectant les gens. Je partage complètement l'esprit de votre entreprise. Quelques aspects sont à préciser au plan technique et en matière de sécurité, mais la conception des volumes est franchement intéressante. Vous pouvez compter sur moi.

Un homme en parka enfilé par-dessus un bleu de travail entra alors dans le café. Mon dépanneur, sans doute ?

— La BMW, c'est qui ?

— C'est moi, répondit l'architecte tout en se levant. Voici les clés, elle est à côté de la porte de la grange, à l'entrée du village, — et d'ajouter devant ma mine déconfite — j'ai obtenu un véhicule de remplacement pour me rendre à la réunion, à votre lycée. Je vais vous y emmener. Nous arriverons à temps.

Je le remerciai chaleureusement. Le court trajet fut agrémenté d'une discussion animée.

Il est dix heures vingt-cinq quand il me dépose dans la cour du lycée. Il me reste cinq minutes pour changer de vêtements.

Dieu, que la vie est belle, aujourd'hui !

L'an quatre

Où je décide d'aller chercher l'homme de ma vie

— Vous connaissez la ville, me dit-elle en se retournant ?
— A vrai dire, non. Je l'ai traversée plusieurs fois mais je ne m'y suis jamais arrêtée.
— Ah bon, dit-elle d'un air étonné, je croyais avoir compris que vous y aviez quelques attaches...

Je ne répondis rien. Jean conduisait la R5 lentement. Madame Berger, mon nouveau proviseur était assise à ses côtés. J'avais pris place à l'arrière. Installée au milieu du siège et, penchée en avant, je tendais l'oreille pour ne rien perdre de ses commentaires sur la ville, ses monuments, son histoire... Madame Berger aimait aussi faire partager sa passion des concerts, du théâtre et de la danse. Elle était intarissable. Ce jour-là, Jean ne prit guère la parole.

Il faut dire qu'elle ne lui en laissa pas tellement le loisir.
— Non, non, prenez à gauche, lui dit-elle alors qu'il avait déjà amorcé son virage à droite. Je voudrais vous montrer notre cathédrale, un concert y sera bientôt donné.
Et toujours tournée vers moi :
— Le Requiem de Mozart. Cela vous plairait-il de m'accompagner ?
— Oui, absolument, j'adore Mozart.
Tout en poursuivant la conversation sur nos goûts musicaux, elle indiquait à Jean les directions à prendre : le rectorat, la grande rue, les halles du marché, le théâtre.
— Prenez donc la rue piétonne, là. Il y a deux très beaux hôtels particuliers...
Sans sourciller, Jean suivait les indications, le plus souvent lancées au dernier moment.
D'emblée, j'avais apprécié mon nouveau collègue. Son attitude posée et tranquille contrastait avec l'agitation un peu désordonnée, mais si vivante de madame Berger. Quoique très différents, tous deux me semblaient véritablement complices. La suite me confirmera qu'ils formaient une paire exceptionnelle.

Quand j'étais descendue dans le bureau de madame Berger, en ce matin de rentrée, elle m'avait accueillie à bras ouverts. Puis, avec un très chaleureux sourire, elle m'avait présenté Jean, en ajoutant qu'elle ne doutait pas que nous allions faire une bonne équipe tous les trois. Cela m'avait rassurée car j'avais encore en tête un appel téléphonique qu'elle m'avait adressé, en juillet, dès qu'elle avait eu connaissance de ma nomination.

— Madame Tisserand, avez-vous de réelles raisons de venir à C... ?

J'étais restée quelques secondes interloquée, avant de répondre :

— Excusez-moi, je ne suis pas certaine de comprendre le sens de votre question.

Son ton était aimable mais un peu embarrassé. Elle poursuivit :

— Je veux dire... Avez-vous de la famille ou un mari qui travaille ici, enfin, un impératif ?

Choquée par ce que je considérais comme une curiosité déplacée et une atteinte à ma vie privée, je répondis avec froideur :

— Non, aucun impératif, je souhaite changer de région pour des raisons strictement personnelles.

Sa voix s'adoucit, mais je la sentais déterminée à aller jusqu'au bout :

— Vous comprenez, j'ai une jeune conseillère qui a fait son stage chez nous cette année. Elle vient d'avoir un bébé. Son mari travaille ici et elle est nommée à vingt-cinq kilomètres. Cela risque de lui compliquer la vie. Ce serait mieux pour elle de pouvoir rester sur place. Mais pour cela, il faudrait que vous acceptiez de faire un échange de poste.

Dans cette demande, je ne sus pas reconnaître, tout de suite, le souci de l'autre, l'envie d'aider et la générosité naturelle que j'allais vite découvrir chez madame Berger et qui ne se démentiraient jamais.

Mais je savais ce que je voulais. Ma demande de mutation avait été mûrement réfléchie. En quittant volontairement ma ville d'origine où j'allais laisser de nombreux amis, toute ma famille et beaucoup de souvenirs, j'avais choisi de tourner une page. Postuler pour un établissement dans la ville de D..., une grande ville appartenant à une autre académie, avait représenté un vrai pari. Compte tenu de ma jeunesse et de ma petite ancienneté, je n'avais qu'une faible probabilité de voir mon souhait exaucé.

La chance m'avait souri. Contre toute attente, j'avais été nommée au lycée d'enseignement professionnel St Exupéry, qui se trouvait dans la périphérie immédiate de la ville de D... que je voulais. Et voilà que ce nouveau proviseur osait me proposer de retourner galérer au bout du monde avec cinquante kilomètres de trajet quotidien !

— Madame, je comprends bien le problème. Nous savons tous, dans la fonction publique, combien il est difficile d'obtenir satisfaction dans nos vœux. Surtout en début de carrière. Je viens d'en faire l'expérience à mes dépens depuis plusieurs années. Aussi, vous admettrez que je ne veuille pas partir ailleurs l'année où mon vœu est enfin exaucé !

Elle se confondit en excuses, me demanda de comprendre le sens de sa démarche et prit le soin de m'expliquer qu'elle n'était pas dirigée contre moi. Elle précisa que le proviseur dont je dépendais encore pour quelques jours lui avait dit grand bien de mon travail et ajouta que, dans ce cas, je pourrais prendre rapidement possession de mon logement. En effet, si ma collègue devait rejoindre son nouveau poste, elle prévoyait de déménager avant les vacances d'été.

J'étais donc installée sur place depuis un bon mois.
On passa à l'inspection académique chercher des dossiers d'élèves. C'était le but officiel qui avait servi de prétexte à notre « chevauchée fantastique ».
Quand nous rentrâmes au lycée, il était un peu plus de midi.
— Avez-vous de quoi manger, me demanda-t-elle, avec une grande sollicitude ?
Et sans me laisser le temps de répondre, elle m'indiqua le centre commercial le plus proche. Je la remerciai et lui souhaitai un bon appétit sans prendre le temps de lui expliquer que je connaissais ce centre depuis le jour de mon emménagement. Ce jour-là, j'avais dû aller y chercher, en catastrophe, de quoi rassasier un bataillon affamé de déménageurs bénévoles !
J'habitais sur le même palier que Jean et sa famille. Il me proposa de prendre l'apéritif et de me présenter sa femme ainsi que leurs deux jeunes enfants. Cette famille m'inspira tout de suite une vive sympathie qui se transformera, par la suite, en une solide amitié. Béatrice, comme son mari, est une femme calme. Elle met tout le monde à l'aise par son

large sourire et son naturel. Au bout d'une demi-heure, quand je les quittai, j'avais déjà l'impression de les connaître depuis longtemps.

Après un yaourt et un fruit vite expédiés, je m'empressai de retourner travailler, d'autant que je ne connaissais pas encore l'établissement dans son ensemble. La visite qui continua l'après-midi ne manqua pas de renforcer mon impression positive.

Pas une salle de classe, pas un couloir qui ne soient ornés de plantes vertes. Madame Berger à qui je demandais si les élèves en prenaient soin, me répondit :

— Au début, non. Ce n'était pas facile. Mais on a systématiquement remplacé, le jour même, les pots qui ont pu être brisés. Quand cela arrive maintenant, il s'agit généralement d'un acte accidentel et il n'est pas rare que le responsable vienne nous le signaler.

Jean ajouta que pour les posters (il y en avait dans tous les couloirs, et surtout, à l'internat), la démarche avait été un peu différente puisque c'étaient les élèves eux-mêmes qui les avaient choisis et encadrés. De ce fait, il n'y avait pratiquement pas eu d'actes de vandalisme à déplorer.

Je vous laisse imaginer mon bonheur à l'idée de travailler au sein d'une équipe qui appliquait spontanément des principes que j'avais eus tant de difficultés à faire admettre, seule contre tous.

Pendant cette visite, je découvris aussi l'atelier et ses machines qui m'étaient parfaitement inconnus.

Je n'avais encore jamais travaillé avec des sections d'usinage et d'électronique.

De style Pailleron et construit depuis presque vingt ans, le lycée avait besoin de rénovation. Il ne présentait cependant pas l'aspect repoussant de certains que j'avais connus et connaîtrais encore. Il restait de la peinture aux plafonds. Sur les murs, elle s'écaillait parfois, mais des affiches, adroitement disposées, recouvraient les plus gros défauts. Certaines salles avaient l'éclat du neuf. Comme dans la plupart des établissements scolaires, le manque de moyens financiers et d'ouvriers professionnels ne permettait de rénover que quelques salles par an. C'est ce qui nous conduira, Jean et moi, à l'idée d'installer un distributeur de boissons. L'argent ainsi récolté allait nous permettre de faire aménager une salle de télé, avec gradins et coussins.

Le lendemain est encore un grand jour pour moi : c'est celui de la rentrée des enseignants et des surveillants. Je me suis mise sur mon « trente et un ». Même si « l'habit ne fait pas le moine », j'ai toujours été persuadée de l'importance de la première image que je pouvais donner. « On nous voit avant de nous entendre », aimait à répéter ma mère, fine couturière à ses rares heures de liberté et qui, en dépit de moyens financiers limités (nous étions huit enfants à habiller), a toujours su nous rendre fiers de notre tenue vestimentaire.

Bref, je ne veux pas rater mon entrée en scène. Même Jean que je ne verrai jamais supporter une cravate plus de cinq minutes en a mis une pour l'occasion. Madame Berger est vêtue d'un superbe tailleur jaune pâle qui lui donne beaucoup d'éclat. Elle est très brune et a conservé un hâle doré de ses vacances dans le midi. Est-ce tous les ans comme cela ? Est-ce la joie d'avoir été nommée là ? Je trouve que toutes les personnes présentes sont belles. Les rayons du soleil traversent la pièce où nous sommes réunis et renforcent l'éclat des visages souriants.

Comme souvent, les surveillants se sont regroupés au fond de la salle. Ils sont anciens dans la maison et respectés de tous. Les chefs d'établissement « oublient » souvent de les saluer, voire de les présenter, le jour de la rentrée scolaire. Ici, rien de tout cela. Madame Berger les accueille. Jean me les présente. Nous nous retrouvons ensuite autour d'un buffet : petits fours, gâteaux salés et kir traditionnel.

La coutume du LEP veut qu'en ce jour de retrouvailles, la plupart des enseignants et surveillants déjeunent ensemble. Un des professeurs m'invite à les rejoindre. Ce n'est pas l'envie d'accepter qui me manque. Mais, devant tant de connivence, j'ai peur de me sentir isolée et de rester extérieure au bonheur qu'ils ont de se revoir. Aussi, je préfère décliner l'invitation en prétextant que j'ai un travail à terminer.

Le LEP St Exupéry accueille cinq cents élèves environ. Il y a une petite cinquantaine de professeurs, ce qui va me permettre de les connaître rapidement.

Officiellement, le recrutement des élèves se fait en fonction des sections demandées et des places disponibles. Il faut cependant bien admettre que nous avons aussi les dossiers de tous ceux qui sont refusés dans les établissements plus prestigieux de la ville voisine. Est-ce pour cela que St Exupéry n'a pas toujours bénéficié d'une excellente réputation ?

Jean m'apprend que depuis quelques années, bien que le recrutement n'ait pas changé, les élèves posent moins de problèmes de discipline. Moins de classes de CAP, la création de baccalauréats professionnels, l'arrivée d'un proviseur compétent et impliqué ont certainement contribué à l'amélioration. Les mois qui suivent me font comprendre à quel point le dynamisme et les qualités pédagogiques du plus grand nombre des enseignants ont pu avoir leur part dans la réussite d'un tel redressement.

Depuis son arrivée, deux ans auparavant, madame Berger, n'avait cessé d'impulser de multiples projets. Son enthousiasme naturel lui avait permis de solliciter et d'entraîner beaucoup de monde avec elle.

L'un des dossiers qui lui tenait à cœur était l'éventualité d'ouvrir une section spécialisée en plasturgie. A ses yeux, une telle section ne pouvait que consolider la transformation positive de l'établissement en augmentant son attractivité. Elle y travaillait avec acharnement et avait le soutien de tous, sauf, naturellement du couple Boumaty qui « était contre » comme à chaque fois qu'une occasion lui était donnée de s'opposer à elle.

A vrai dire, les Boumaty étaient toujours « contre ». Confondant l'engagement syndical au service d'une cause avec le détournement de pouvoir pour compenser leur médiocrité, ils faisaient preuve d'une opposition bornée qui constituait la risée du LEP. Sans doute parce qu'elle prenait toujours les choses trop à cœur, madame Berger souffrait de cette obstruction permanente, ce qui poussait, bien évidemment, le couple à en rajouter dans la mise en cause de sa personne.

C'était pure méchanceté ! Bien que madame Berger n'ait jamais vraiment su établir de véritable distinction entre sa personne et sa fonction, nul ne pouvait lui faire reproche de tirer la couverture à elle. Elle ne vivait que pour la réussite du lycée et savait faire confiance en déléguant, très largement, aussitôt qu'elle percevait une bonne volonté au service d'une idée nouvelle.

C'est avec son plein accord, par exemple, que Jean et moi décidons d'ouvrir un chantier qui nous trottait dans la tête depuis quelque temps. Inspirée de nombreuses lectures, notamment proposées par « les amis de Sèvres », notre grande idée portait sur une « re-création » du règlement intérieur.

Comme dans beaucoup d'établissements, le nôtre était reconduit quasi automatiquement d'année en année. Il consistait essentiellement en une longue liste d'obligations qui s'étaient ajoutées les unes aux autres au fil du temps. Promulgué comme un décret, il s'apparentait à un catalogue d'interdits.

Or, nous étions convaincus qu'il avait perdu, ainsi, tout son sens profond, à savoir, « affirmer une règle de vie commune ». Nous nous étions fixés l'objectif de rétablir une sorte de contrat. Pour cela, il nous fallait amener toutes les parties prenantes à le réinventer ensemble.

Tirant la leçon du respect des plantes vertes et des posters, nous savions bien que les élèves respecteraient d'autant plus un système de règles qu'ils en comprendraient l'utilité et auraient contribué eux-mêmes à son élaboration.

C'est en demandant l'agrément préalable du conseil d'administration, seule instance autorisée à voter le règlement intérieur, que nous prenons la mesure du travail à accomplir. Ce à quoi nous voulons arriver, c'est à un engagement réciproque, clair dans ses principes autant que dans ses modalités. Nous découvrons rapidement que les « devoirs » des adultes, contrepartie à nos yeux naturelle de ceux des élèves, ne manquent pas de susciter quelques grincements de dents. La tâche que nous allons entreprendre sera de longue haleine.

Six délégués élèves, en particulier issus des classes de BEP d'action commerciale et de secrétariat ainsi que ceux des sections électroniques, participent à la première réunion que nous organisons après le repas de midi. Sept professeurs, Flora, la documentaliste et madame Berger s'engagent avec eux. Après une courte discussion sur la méthode, nous optons pour une production en deux colonnes : à gauche, droits et devoirs des élèves ; à droite, droits et devoirs des adultes.

A raison de deux heures par quinzaine, le travail se déroulera tout au long de l'année. Les aller-retours seront nombreux avec toutes les catégories de participants à la vie du LEP. Quelques points donneront lieu à de vifs échanges, vite canalisés par la tranquille assurance de Jean.

Dans l'ensemble, le projet avancera régulièrement pour donner naissance à une « charte de vie lycéenne » qui sera mise en application dès la rentrée suivante.

Parmi le bouillonnement des idées et des actions lancées au cours de l'année, un groupe de professeurs introduisit aussi une forme nouvelle de « pédagogie différenciée et de soutien » dans le cadre d'un GEREX (groupe d'enseignement et de recherche expérimentale). Toujours sur le coup, Flora, la documentaliste n'avait naturellement pas manqué de se joindre à eux. L'objectif était de combler les manques accumulés par certains élèves au cours de leur scolarité. La particularité de cette opération est qu'elle se différenciait des pratiques de soutien habituelles qui conduisent le plus souvent à refaire un exercice raté ou revoir une leçon. Ici, il s'agissait, plutôt, d'identifier les bases qui n'avaient pas été acquises au cours de l'ensemble du parcours scolaire et d'y remédier par l'utilisation de méthodes appropriées.

L'expérience était menée sur une seule classe de quatrième technologique et il était encore trop tôt pour réaliser un véritable bilan, mais ses résultats s'avéraient tout à fait encourageants.

Sollicitée par Flora, j'avais été tentée de m'associer à cette belle réalisation, mais j'étais, par ailleurs, de plus en plus absorbée par des préoccupations de formation.

Au cours d'une journée de regroupement catégoriel, au début de l'année, j'avais eu l'occasion de rencontrer monsieur Javey, inspecteur de la vie scolaire, et de faire la connaissance de nombreux collègues CE-CPE. Si bien intégrée dans mon nouvel établissement grâce aux qualités de tous ceux qui m'y avaient accueillie, j'avais oublié que ce n'était pas partout pareil. Les doléances de certains participants, quelques souvenirs personnels de situations difficiles, l'envie de « foncer dans le tas » pour faire changer les choses : ce fut certainement un mélange de toutes ces raisons qui m'amena à présenter ma candidature en vue de la création d'un réseau inter-académique de réflexions et de propositions sur la vie scolaire.

Encore aujourd'hui, je garde un souvenir extraordinaire du travail intense et fécond qui fut réalisé au sein de ce réseau durant les trois années que j'y passai. Plusieurs publications porteront témoignages de nos productions concernant l'organisation des études surveillées, le fonctionnement des internats ou encore l'élaboration d'un référentiel du CE-CPE. C'est cette année-là également que nous introduisons et animons, au niveau de l'académie, des stages de formation initiale pour les surveillants nouvellement nommés dans leur fonction.

Sur la base de ma propre expérience, également partagée par mes collègues, je me sens très concernée par cette question. Un étudiant qui occupe son premier poste se retrouve trop souvent lâché dans une arène dont personne ne lui a appris l'usage. Le fait qu'il en provienne, pour y avoir été lui-même la veille encore, ne lui est généralement pas d'un grand secours, au contraire. Il y avait, à nos yeux, besoin de l'aider à se situer dans une « position » réclamée par sa fonction, de lui transmettre quelques « trucs » et « tuyaux » éprouvés par ses prédécesseurs et surtout de l'amener à s'appuyer sur son (ou sa) CPE. En un mot, lui faire comprendre qu'il allait avoir à exercer un véritable « métier », et pas seulement à donner quelques heures en échange d'une rémunération consentie par l'état.

Inutile de dire que mon temps libre est fort occupé. Nos réunions de préparation ont lieu le plus souvent le mercredi ou durant une demi-journée de congé. Si aujourd'hui, j'ai acquis une certaine prudence vis à vis des heures à assurer en-dehors de leur reconnaissance officielle, j'étais trop heureuse à l'époque de me lancer à corps perdu dans l'apprentissage et l'exercice de l'animation. Déçue par la pauvreté des formations que proposait l'éducation nationale, j'ai même suivi, sur mes propres deniers, de nombreuses sessions (pas données, mais ô combien efficaces !) dispensées par un cabinet de consultants. Il y a un prix pour tout. La vie, en tout cas la mienne, ne m'a rien donné gratuitement. Mon investissement dans la formation fut peut-être excessif vu la suite donnée aux événements par monsieur Javey et la manière dont je fus remerciée ! Mais je ne regretterai jamais ce que mon effort m'aura permis d'acquérir durant ces années-là. Je ne dois rien à personne. Pour moi, cela n'a pas de prix !

Vers la fin de ma première année à St Exupéry, j'étais devenue capable de monter une session de formation et d'animer un groupe. Grâce à Jean, j'avais aussi nettement progressé dans la gestion des absences par l'informatique. A l'époque, le rectorat n'investissait que dans l'informatisation des services financiers et il n'existait encore aucun logiciel d'absences. Jean bagarra sans trêve pour obtenir l'achat d'un ordinateur et fut le premier à m'initier à son utilisation. Très vite, le registre manuel fut à jamais remisé au rayon des accessoires inutiles.

Cette année-là, il me sembla que les vacances d'été arrivèrent beaucoup plus vite que d'habitude. Pour la première fois de ma carrière, la rentrée suivante s'annonçait sous les meilleurs auspices et sans inconnues.

D'autant plus que je l'ai enfin croisé. Il s'appelle Xavier. A ceux qui ne voudraient pas croire qu'il s'agit de l'homme de ma vie, je n'ai qu'une réponse : à l'instant précis de notre première rencontre, la montre qu'il portait au poignet s'est arrêtée... définitivement !

L'an cinq

Drôle de printemps

— Il faut vous inscrire au concours de conseiller principal d'éducation, vous devez penser à votre carrière. Un jour, vous deviendrez chef d'établissement. Je vous assure, Marie, que vous en avez l'étoffe !

C'est avec ces mots qu'un beau matin, madame Berger me remit la circulaire rectorale sur laquelle figuraient les différentes formalités pour l'inscription au concours de CPE. Certes, j'y pensais, et je me sentais capable de le réussir, mais un point d'importance me faisait hésiter.

Depuis longtemps, la réglementation administrative traçait une nette séparation entre « conseiller d'éducation » et « conseiller principal d'éducation ». Le premier exerçait en collège et en lycée d'enseignement professionnel, le second en lycée. Quand un CE devenait CPE, il devait quitter le poste qu'il occupait dans son collège ou dans son LEP, pour effectuer un stage probatoire d'une année en lycée avant de connaître une affectation définitive.

Or, le bruit courait d'un changement imminent de cette réglementation. Il était question de fusionner les deux statuts, en un corps unifié, et donc de supprimer l'obligation de changer d'établissement en passant de l'un à l'autre. Nul ne savait cependant avec certitude la date de prise d'effet de cette réforme.

Et c'était pour moi une question capitale. Certes, depuis le début de ma vie professionnelle, j'étais habituée aux changements permanents d'établissements. De ce point de vue, je n'étais plus à un près. Encore que je venais de poser mes valises à C..., que je venais de rencontrer Xavier (vous vous souvenez ? l'homme que j'attendais depuis si longtemps) ... sans compter le triste bilan de la casse survenue lors de mon dernier déménagement. Il y a là un coût matériel, et souvent psychologique, qui est rarement évoqué par ceux qui s'insurgent si bruyamment contre les vacances et autres avantages des fonctionnaires de l'Education Nationale.

Et puis, surtout, je n'avais aucune envie de quitter St Exupéry. Nous étions en train d'y mettre en place tellement de choses pour et avec les élèves, en relation avec la maison de jeunes qui avait le grand avantage de se trouver à cinquante mètres. J'avais rencontré l'adjoint à la culture de la municipalité qui était très favorable à nos actions et attendait beaucoup d'un renforcement de notre collaboration. A C..., il y avait une grande population d'immigrés, de chômeurs et de personnes socialement défavorisées. Pour essayer d'endiguer la délinquance grandissante, de nombreux projets étaient à l'étude afin de créer des activités, des lieux de vie, travailler davantage avec l'école du cirque.

En un mot, apprendre aux jeunes autre chose que la rue ! Madame Berger m'avait promis de tout mettre en œuvre pour me garder si je réussissais le concours. Je lui faisais une totale confiance. Elle avait si souvent démontré sa capacité à se battre efficacement. Xavier aussi me poussait, ainsi que Jean. Lui, était devenu amer depuis quelque temps. Il avait plusieurs fois assuré l'intérim de chef d'établissement. Il « faisait fonction » d'adjoint au proviseur depuis sept ans mais il n'avait jamais été accepté sur la liste d'aptitude qui lui aurait apporté enfin la reconnaissance statutaire qu'il méritait. Que je devienne CPE, représentait pour lui, je crois, une petite vengeance par procuration. C'était aussi sa façon de me dire que si je voulais progresser, il fallait que je m'en occupe moi-même.

— C'est bien les projets que nous développons. Je suis content de travailler avec toi. Seulement, qu'est-ce que ça va t'apporter ? On te remerciera peut-être, mais cela n'aura aucune influence sur ton évolution de carrière. Alors, réfléchis, me dit-il.

Xavier croyait en moi. Il était de leur avis. Depuis mon entrée dans « la carrière », il m'avait toujours semblé naturel d'y progresser régulièrement. Finalement, je déposai mon dossier le 15 décembre à dix heures. Deux heures avant la clôture des inscriptions. Il me restait à peine quatre mois pour me préparer aux épreuves qui débuteraient fin mars.

Pendant les vacances de Pâques, madame Berger réalisa un vieux rêve et se rendit en Chine. De nombreux problèmes personnels avaient contribué à sa décision. Hélas, elle rentra gravement malade. Son séjour s'était très mal passé.

Elle avait dû être hospitalisée d'urgence à Pékin. Mais les conditions d'hygiène étaient telles, que les amis qui l'accompagnaient avaient préféré la sortir rapidement de l'hôpital, de crainte qu'elle n'en ressorte pas du tout. Pourquoi ni elle, ni l'un d'entre eux n'avaient pensé à un rapatriement sanitaire ? Quand je lui poserai la question, elle me répondra qu'elle n'y avait tout simplement pas songé.

A son retour, malgré les recommandations du médecin et de ses proches, elle refusa de s'aliter et continua à se rendre chaque matin à son bureau. C'est là que l'infirmière du lycée venait lui faire ses piqûres ! Elle résista ainsi quelques jours avant que le médecin ne l'oblige à garder la chambre. Jean assura l'intérim et Jocelyne, sa secrétaire dévouée, eut pour ordre de lui monter son courrier tous les matins. C'était plus fort qu'elle. Même depuis son lit, il fallait qu'elle travaille. J'allais la voir tous les deux ou trois jours. Elle n'avait pas à se faire de souci, tout se passait très bien. C'est aussi ce que Jean et Jocelyne ne cessaient de lui affirmer de leur côté. Deux semaines plus tard, encore affaiblie et contre l'avis de son médecin, elle rejoignit son poste. Etait-ce la guérison ? Ses joues commencèrent à reprendre des couleurs. Derrière ses lunettes, ses yeux retrouvaient leur éclat naturel. La vie reprenait son cours. Peu à peu, les inquiétudes s'éloignaient.

Je retrouvai mon enthousiasme et me surpris à remercier le ciel de ce qu'il m'accordait depuis trois ans. J'avais juste oublié de lui demander que cela dure...

Xavier eut l'occasion de partir en Egypte. Il

souhaitait que je l'accompagne. Jean ayant accepté de me remplacer, il me fallait aussi l'accord de madame Berger :
— Vous n'allez pas rater ça, c'est merveilleux l'Egypte ! J'y suis allée avec mon mari, il y a quelques années. Vous reviendrez enchantée !
Et elle me raconta son voyage avec sa fougue habituelle. On remplit les formalités administratives. Je la remerciai vivement et bondis sur le téléphone en rentrant chez moi. J'avais hâte d'annoncer la bonne nouvelle à Xavier.
Les trois semaines qui suivirent s'écoulèrent sans problèmes particuliers.
La veille de mon départ, un vendredi de mai, j'allai saluer madame Berger :
— Je souhaite vous remercier encore pour votre gentillesse. Vous ne pouvez pas imaginer le cadeau que vous me faites ! lui dis-je.
— Non, non, c'est normal. Profitez-en surtout et ne pensez pas au lycée. Au fait, êtes-vous libres, vous et votre ami, le week-end de Pentecôte ?
Il lui arrivait fréquemment de sauter du coq à l'âne.
Je lui répondis qu'a priori, oui. A vrai dire, je n'en savais rien encore, ne connaissant pas l'agenda de Xavier. Mais j'avais très envie que cette rencontre ait lieu et ne doutais pas un instant qu'elle fut possible. Elle poursuivit :
— Je réunis tous mes amis et ma famille pour une petite fête (je me souvins alors que c'était bientôt son anniversaire, elle était née le même jour que ma mère). Je projetterai mes diapositives sur la Chine.

Elle sourit, radieuse, et ajouta avec un brin d'humour :
— J'ai tout de même eu le temps d'en faire quelques unes ! Vous nous montrerez aussi vos photos d'Egypte, si vous voulez bien.
Je lui serrai la main et, arrivée sur le seuil de la porte, me retournai une fois encore :
— Prenez soin de vous, madame Berger !
On échangea un large sourire. Je ne savais pas que je la voyais pour la dernière fois.

Nous marchons sur l'allée pavée de trois kilomètres, bordée de sphinx, qui relie le temple de Louqsor à celui de Karnak. Ce temple se trouve en bordure du Nil, large ici de plusieurs centaines de mètres. Il est environ dix-sept heures. Le soleil, déjà bas, embrase le ciel et illumine de ses rayons les immenses colonnes couvertes de hiéroglyphes, donnant à la terre et aux statues, une extraordinaire couleur ocre et flamboyante. Je suis fascinée par tant de beauté et de grandeur. L'instant d'une seconde, je m'échappe du paysage. On est lundi. C'est aujourd'hui que les résultats de l'écrit du concours de CPE sont communiqués par minitel. Jean et madame Berger ne vont pas manquer de les consulter. Je suis confiante. La statue d'Amon, qui se dresse devant la porte nord me confirme dans mon optimisme. C'est une statue haute de six mètres, taillée dans un grès rouge et, à cette heure du jour, elle est baignée d'une lumière dorée inoubliable. Nous franchissons l'entrée du temple...

Le retour fut hélas très perturbé. Malgré toutes

les précautions que j'avais prises et, comme beaucoup, je tombai malade. C'est donc affaiblie et avec l'unique envie de m'allonger sur un lit que j'arrivai à D... Nous étions samedi. Je craignais surtout de ne pas pouvoir reprendre le travail dès le lundi suivant. Xavier proposa que l'on passe le week-end dans sa maison. Les valises posées, je montai aussitôt me coucher.

Il me rejoignit quelques minutes après, la mine un peu défaite. Il s'assit près de moi et me prit dans ses bras :

— Marie, je viens d'écouter le répondeur. Il y a deux messages pour toi. Une bonne et une mauvaise nouvelles. Par laquelle veux-tu que je commence ?

Je répondis spontanément :

— Par la bonne, au moins j'en profiterai un peu.

— Alors : bravo ! Tu es admissible à l'oral du concours.

Je souris. En temps normal, j'aurais laissé éclater ma joie, mais j'étais déjà inquiète de la suite. De qui, de quoi s'agissait-il ?

— Et la mauvaise ?

Xavier me serra très fort, il savait combien ce qu'il allait m'apprendre allait m'affecter. Aujourd'hui encore, je tremble en l'écrivant.

— Madame Berger est décédée dimanche dernier.

Je restai d'abord complètement sidérée, comme si le toit de la maison venait de s'effondrer sur moi et que je m'étonne d'être encore vivante. Puis, doucement, sans larmes, (elles viendront plus tard, trop de douleur empêche parfois de pleurer), je lui demandai :

— Est-ce qu'elle s'est suicidée ? A-t-elle eu un accident ?

Pas une seconde, je ne pensai qu'elle ait pu mourir de maladie ou de mort naturelle. Elle était si pleine de vie.

— Je ne sais pas. Ta collègue, la documentaliste, je crois, ne donne aucune précision. Elle te suggère d'appeler Jean. Et puis..., tu sais bien qu'elle était très fatiguée ces derniers temps.

Presque en colère, je rétorquai :

— Mais quand nous sommes partis, elle allait beaucoup mieux !

— Xavier restait calme. Il comprenait ma profonde révolte. Je me ressaisis. Il n'était plus question pour moi de rester au lit. Je devais d'abord appeler Jean. Je décrochai le combiné, posé sur la table de chevet :

— Jean ?

— Ah, salut Marie, tu es rentrée. Je suis heureux de t'entendre. Ca va ?

Sa voix était comme d'habitude et ne trahissait aucune émotion. Savait-il que je savais ?

— Eh bien, ça pourrait aller mieux, tu ne crois pas ? Qu'est-ce qui s'est passé ? Elle était pourtant en train de se tirer d'affaire, non ?

Il me raconta alors les événements. Sa femme et lui y avaient été mêlés de très près.

— Samedi dernier, madame Berger est sortie de son bureau à vingt heures. Tu la connais, hein ? — Jean laissa échapper un présent de l'indicatif révélateur — Béatrice et moi étions à la fenêtre lorsqu'elle est sortie. Elle a levé la tête et on a discuté environ un quart d'heure. Boulot, comme de bien entendu. Elle semblait en pleine forme...

Je l'écoutais intensément, imaginant la scène comme si j'y avais assisté. C'était habituel chez elle. Je l'ai souvent vue parler ainsi, dans la cour, le nez en l'air, tenant son petit chien en laisse, avec l'un ou l'autre accoudé à sa fenêtre.

— Dimanche matin, comme elle nous l'avait annoncé, elle est descendue travailler et elle a été prise d'un violent mal de tête aux environs de onze heures. Elle est montée chez elle chercher un calmant et a commencé à ressentir un gêne pour marcher. Elle a téléphoné à son mari, dans leur maison de campagne, avec difficulté, semble-t-il, tant la douleur était forte. Ce dernier est arrivé très vite. Le SAMU, peu après. Quand nous avons entendu la sirène, nous avons ouvert la porte. Ils sont montés la chercher (madame Berger habite au-dessus de chez Jean) et l'ont descendue sur une chaise. C'était impossible de l'allonger...

Jean reprit son souffle. Bien qu'il cherchât à la contenir, l'émotion le gagnait à mesure qu'il racontait.

— Tu sais, elle était encore lucide, nous avons pu la saluer et... A ce propos, il faut que je te dise : lorsqu'elle est arrivée à la hauteur de ton palier, elle a tendu difficilement son bras comme pour sonner chez toi. Ou, peut-être te dire adieu... Béatrice et moi, avons été frappés par ce geste. On tenait à t'en parler. Elle est morte deux heures plus tard, d'une rupture d'anévrisme.

Histoire d'essayer de repousser mon chagrin, du moins pour un instant, je lui demandai quelques détails, insignifiants pour l'heure : la date, le lieu des obsèques, leur déroulement... Je m'inquiétai des problèmes qu'il avait évidemment dû rencontrer et assumer tout seul.

Puis, je raccrochai. On se verrait le lendemain.

J'étais complètement abattue et sans réaction. Un vague sentiment de culpabilité commençait à me gagner. Xavier sut trouver les mots :

— Félicitations, tout de même. Il va falloir que tu y penses à ce concours. Maintenant, c'est aussi pour elle que tu dois te battre et réussir.

Cette phrase ne me quittera pas. Je penserai beaucoup à elle en passant les épreuves orales du concours qui eurent lieu en juin. Tel un talisman, j'accrocherai, ce jour-là, sur mon tailleur, une broche à laquelle elle tenait beaucoup et que son mari m'avait offerte deux semaines après sa mort. Son souvenir si présent en moi me donnera une force extraordinaire face à un jury redoutable et redouté. En sortant, je sais que j'ai gagné ! J'ignore encore dans quelle galère je suis en train de m'embarquer !

Les jours qui suivirent sa mort furent difficiles. Jean dut assurer la direction jusqu'à la fin de l'année. Une fois de plus, en tant que « faisant fonction ». A notre demande, Laurence fut nommée pour me seconder. Elle avait fait son stage de CE chez nous et connaissait bien l'établissement. Tout le monde l'appréciait et puis, on avait besoin de constituer un noyau de « proches ».

Les grandes vacances qui suivirent furent loin de ressembler aux précédentes pour moi.

En recevant la notification de mon succès au concours de CPE, j'eus la confirmation que j'allais devoir quitter mon poste et partir en stage dans un autre établissement. Le maintien des CPE issus du concours dans leur poste d'origine, n'entrerait en application que l'année suivante. Madame Berger n'était plus là pour me défendre, mais je me battis comme un diable pour obtenir mon maintien. Avec naïveté, j'imaginais que l'arrivée d'un nouveau proviseur et le départ de Laurence justifiaient que je sois maintenue, fût-ce à titre dérogatoire, pour assurer un minimum de continuité dans toutes les actions que nous avions entreprises. Notre équipe avait été durement éprouvée mais nous avions fait face. Après tout, c'était un devoir de mémoire vis à vis de madame Berger que de mener nos projets jusqu'au bout et l'Education Nationale lui devait bien cela !

Durant tout l'été, je multipliai les courriers. Appuyée par le maire de C..., député et ancien ministre, j'espérai jusqu'au dernier moment un geste du ministère.

La rentrée arriva sans que j'aie reçu la moindre réponse. Je décidai alors de jouer ma dernière carte et refusai le bénéfice de mon concours.

La lutte qui s'engagea prit un tour très dur, voire violent de la part du rectorat qui exerça de fortes et multiples pressions sur moi. Arrivé depuis peu, le nouveau proviseur nommé au LEP soutint d'abord ma cause, puis retourna sa veste, sans doute, lui-même pressé par sa hiérarchie.

C'est un mardi, je m'en souviens, que j'ai craqué sous son harcèlement.

Il est seize heures. Sous sa dictée, je déclare accepter de rejoindre au plus tôt l'établissement où j'aurai à effectuer une année probatoire en tant que CPE et signe ma reddition. Il saute aussitôt dans sa voiture pour porter ma lettre au rectorat. A seize heures dix, ce même jour, Jocelyne, la secrétaire, reçoit un coup de téléphone du cabinet de monsieur Jospin, alors ministre de l'Education Nationale, annonçant qu'il accepte ma requête : je peux rester CPE au LEP St Exupéry. Le lendemain, je reçois la lettre de confirmation, signée de la main même de monsieur Jospin. Fort d'avoir mon accord écrit en sa possession, le secrétaire général du rectorat refusera cependant de tenir compte du courrier ministériel.

Il y a dans la vie des situations et des êtres qui laissent des cicatrices durables. Je suis épuisée et profondément écœurée par tant de petitesses et de malhonnêteté. Il me reste trois jours pour préparer mon nouveau déménagement.

Ah, madame Berger, vous nous avez joué un bien sale tour en nous abandonnant si vite !

L'an six

Une bien étrange affaire !

Des affiches colorées annoncent le démarrage du club vidéo. J'en ai placé partout, bien en évidence, dans les couloirs et sous le préau. Cinq élèves de seconde ont déjà répondu.
Pour mon année de stage, je suis au lycée Herzog, à Ch... qui ne m'éloigne pas trop de D... J'ai le bonheur d'y retrouver Laurence, nouvellement nommée. L'établissement est flambant neuf. Il vient d'ouvrir ses portes.
Son originalité me séduit. Un bâtiment aux murs roses, entouré de bassins remplis de nénuphars, dans lesquels quelques petits malins introduiront bientôt crapauds et grenouilles.
L'intérieur est agréable avec deux patios qui abritent de nombreuses plantes vertes. A droite, on peut voir un grand réfectoire aménagé en self

service. Il est équipé de petites tables toutes différentes et séparées par des claustra qui fournissent une agréable impression d'intimité. Pour le reste, des salles de classe ordinaires, mais aux couleurs gaies.

En dépit d'une vraie tristesse liée au sentiment d'avoir « laissé tomber » Jean et l'équipe de St Exupéry, je découvre la chance que m'apporte cette année où je vais être payée pour apprendre et expérimenter.

Il me fallait faire une proposition d'action à mener dans l'établissement et qui servirait de base d'évaluation lors de l'inspection qui surviendrait à l'issue de l'année scolaire.

Parmi les nombreuses idées qui m'agitaient, j'avais proposé une action combinant vidéo (un secteur qui m'intéressait), vie extra-scolaire des élèves (un domaine qui me passionnait) et promotion du lycée (une idée qui me semblait appelée à un certain avenir).

Nous en avions longuement parlé avec Laurence et monsieur Robert, le nouveau proviseur de l'établissement qui s'était montré favorable à l'idée. L'objectif étant de faire réaliser par les élèves une vidéo qui puisse être utilisée pour présenter l'établissement dans les collèges de la zone de recrutement. Le lycée Herzog était nouveau. Il avait besoin de se faire connaître.

Aujourd'hui, je rencontre les concepteurs et futurs « héros » du court-métrage : quatre garçons et une fille qui deviendra très vite le leader du groupe. En accord avec la recommandation du proviseur, ils sont partants pour éviter le truc « bateau » ou purement documentaire. Nous nous réunissons deux fois par semaine sur le temps du midi-deux. En raison de contraintes de transport, il n'est pas possible de travailler le soir après les cours.

Pour l'écriture du scénario, je compte beaucoup sur l'imagination fertile des élèves et je ne suis pas déçue. Dès la deuxième rencontre, ils décident que le sport servira de base à l'histoire. C'est la spécificité distinctive du lycée.

— ... mais, ajoute Nathalie, qui se tenait debout, près du paper-board, un marqueur à la main, ce serait bien de faire une fiction.

Sa proposition recueille l'unanimité. Les idées fusent et malgré le petit nombre de participants, ce n'est pas toujours facile de les canaliser. Pendant une heure, c'est l'effervescence. Ils inventent les personnages et ébauchent plusieurs trames de scénario. C'est un bon début et j'espère qu'ils vont garder cet enthousiasme. L'expérience passée m'a appris qu'au bout de quelques semaines, l'élan initial s'essouffle parfois rapidement. Que de patience et de dynamisme il faut alors déployer pour relancer les énergies et les emmener jusqu'à la réussite.

Je ne sais pas si la dotation en matériel audiovisuel dans les établissements récents est la même pour tous, mais celle du lycée Herzog est exceptionnelle. Elle me procure un véritable enchantement. L'ensemble ici se compose d'un caméscope de type professionnel, de deux téléviseurs à écran géant, deux magnétoscopes et plusieurs micros hi-fi. Le tout est entreposé dans un lieu protégé, au CDI, (Centre de Documentation et d'Information). Je passe donc plusieurs fois par jour pour chercher et ranger du matériel ... ou emprunter des livres. C'est une autre nouveauté pour moi. Cette année, j'ai du temps pour lire. C'est même recommandé.

Est-ce cette fréquence de mes passages qui favorise l'excellente relation qui s'instaure avec la documentaliste ?

Madame Vilard est une femme dotée d'une forte personnalité. Elle conjugue à merveille une grande expérience de presque trente années et une extraordinaire ouverture à la nouveauté. En un trimestre, elle a su, comme personne, mettre en place un CDI qui fonctionne parfaitement sans oublier de le doter de tous les avantages de l'informatique.

Encore aujourd'hui, quelques documentalistes, et probablement davantage de CPE, sont réticents à utiliser cet outil.

Pourtant, c'est un outil puissant qui libère des tâches quotidiennes sans intérêt. S'agissant des absences, l'expérience montre que, s'il n'en supprime pas la saisie, il permet toutes sortes de tris croisés jusqu'à l'envoi d'une lettre personnalisée aux parents. Le fait de pouvoir éditer rapidement un bilan individualisé constitue une aide précieuse. Sans compter qu'un tel système renseigne mieux sur les motifs que nos précédents registres, surchargés de couleurs et difficiles à déchiffrer.

Le plus souvent, c'est la méconnaissance de l'outil et le temps d' apprentissage qui rebutent. A défaut de devenir un expert en informatique, il n'est pourtant pas si difficile d'apprendre à utiliser un logiciel spécialisé.

Sur les six derniers établissements dans lesquels j'ai travaillé, aucun n'était doté d'ordinateur à la vie scolaire, au moment où j'ai pris mes fonctions.

J'ai toujours obtenu l'accord de mes collègues, pour en faire installer un, à la condition que je leur apprenne à s'en servir. C'est dommage, par contre, qu'à chaque fois, il ait fallu pleurer auprès des intendants pour que des crédits soient débloqués.

Et lorsqu'enfin, après un long siège, je suis arrivée à contourner leur refus, ce fut souvent pour nous voir attribuer le « vieux coucou » du secrétariat de l'intendance que la dotation budgétaire avait permis de remplacer par un appareil tout neuf. De quoi décourager les meilleures volontés d'apprentissage, quand la machine dont on vient d'hériter, permet tout juste de faire tourner « GEP » sous Windows 3.1, à la vitesse d'un escargot anémique.

Madame Vilard sait que l'informatique deviendra incontournable dans quelques années. Pas question pour elle de ne pas utiliser les deux ordinateurs qui ont été mis à sa disposition. En plus de réelles compétences d'animation et d'organisation, elle fait preuve d'initiative et de dévouement. Que de documents pédagogiques devant « naturellement m'intéresser » ne m'a-t-elle pas photocopiés et transmis. Cette année-là, j'apprécie doublement l'aide éclairée d'une professionnelle soucieuse de bien faire son métier !

En plus des semaines passées en alternance au centre de formation, mon programme prévoit un stage d'une semaine à effectuer dans un établissement scolaire différent de celui dans lequel je suis affectée, et un autre de quinze jours en entreprise.

Je contacte Béatrice, la femme de Jean. Elle est institutrice dans une école primaire où elle enseigne en cours préparatoire. Comme j'ai toujours rêvé d'exercer ce métier et que la vie en a décidé autrement, je saute sur l'occasion qui m'est donnée. Et puis, il faut bien le dire, avec Béatrice, j'aurai l'impression de retrouver un peu St Exupéry.

La semaine que je passe avec elle m'amène à découvrir et à apprécier la spontanéité, la vivacité et l'envie d'apprendre de ces très jeunes enfants, mais aussi, hélas, déjà, l'apparition de vraies difficultés avec les premiers rejets du système scolaire. Ce qui me frappe le plus, c'est la demi-heure d'expression orale du matin qui permet à Béatrice de mieux prendre en compte l'aisance, le caractère, la personnalité de chacun et l'importance de la structure familiale dans son histoire.

Elle utilise remarquablement cette connaissance des enfants pour organiser leur apprentissage, notamment celui de la lecture. Cette « centration sur l'élève » me donne beaucoup à réfléchir. Je me rends compte que cette notion a toujours été pour moi au cœur de l'idée que je me fais de mon métier. Je découvre aussi quel travail éprouvant, quelle patience et quelle responsabilité ont les instituteurs et les professeurs des écoles.

Cette semaine passe trop vite. J'ai à peine eu le temps de m'attacher à quelques bambins, mais ils me le rendent au centuple. En partant, j'emporte avec moi, en plus d'un excellent souvenir, tous les dessins qu'ils m'ont offerts avec force bisous.

Je n'ai guère le temps de me laisser envahir par trop d'états d'âme car nous sommes déjà en novembre et je dois contacter des entreprises.

J'ai souvent souhaité connaître le fonctionnement d'un organe de presse. Ce matin, j'en parle à Laurence :

— Tu crois que le quotidien local m'accepterait ?

Elle me regarde, sceptique.

— Sans appui, cela m'étonnerait ! Tu devines qu'ils doivent être très sollicités. C'est vraiment ce que tu voudrais ?

— Vraiment, oui.

— Mon mari est un ami personnel d'un membre de la direction. Je pense qu'il pourra t'aider. Adresse ta demande dès aujourd'hui.

Deux semaines plus tard, je reçois une réponse positive. Je suis accueillie dans les locaux du journal, fin janvier, et j'y vis une expérience passionnante. Après quatre jours de découverte des différents services commerciaux, je passe toutes mes journées et beaucoup de soirées aux côtés des journalistes qui m'initient à la sélection, la rédaction et la mise en page des articles. Je sympathise, en particulier, avec Cécile, responsable de la rubrique enseignement et avec monsieur Clerc, surnommé « le prof », pour ses talents de narrateur, sa culture et sa connaissance inégalée de la presse en général et du journal en particulier.

Au cours de cette trop courte plongée dans un univers toujours confronté à l'urgence, je comprendrai toute l'importance du professionnalisme et du travail d'équipe pour gérer l'état de crise permanent qui caractérise la vie d'un journal. De ce point de vue, le bureau du CPE ressemble souvent à une salle de rédaction.

Le scénario était écrit. Nous avions déjà beaucoup filmé et il fallait un titre.

Pour la première image et pour la scène finale, nous avions besoin de journalistes, figurants ou réels, et d'un article, un vrai. C'est ainsi que, grâce aux liens noués avec l'équipe du journal, j'allais obtenir son concours, faisant d'une pierre deux coups !

Bien que leur temps soit compté, trois d'entre eux vinrent interpréter leur propre rôle, sans aucune hésitation. Jouant le jeu jusqu'au bout, ils acceptèrent aussi de rédiger un article qui paraîtrait réellement dans l'édition du lendemain, avec une grande photo. C'est cet article qui allait constituer la première image du film, le reliant ainsi à notre réalité quotidienne.

Pour grossir les rangs, Marie-José, une enseignante du lycée, Laurence, Jean et Béatrice (que ça amuse beaucoup), consacrent une partie de leur mercredi après-midi à venir faire de la figuration. Il fait très beau ce jour-là. Les crapauds font la fête aux grenouilles. L'ambiance est bon enfant. Je ne peux m'empêcher de penser à quel point le monde est renversé : ce sont les adultes qui s'amusent comme des petits fous devant la caméra des élèves.

Le lendemain matin, l'article est publié. Assez surpris de l'impact médiatique, le proviseur est ravi.

Les cameramen sont prêts. Le bureau des CPE est transformé en studio, pour l'occasion. Jean-Marc donne le clap de départ. Aujourd'hui, c'est au tour de Christophe de filmer.

François, le mari de Laurence a accepté de jouer le rôle du parent intrigué par les événements qui se passent dans le lycée où étudie sa fille.

Assis dans un grand fauteuil en cuir noir, le dos tourné à la fenêtre qui donne sur le bassin, il ouvre son journal. Un gros titre sur la page de droite attire son regard : « Une bien étrange affaire au lycée Herzog ». Il poursuit la lecture de l'article. A ce moment-là, la caméra s'oriente vers un des patios où, personne ne sait comment, trois extra-terrestres viennent de se matérialiser. L'un, encordé, semble tombé du ciel. L'autre, une jeune fille, peut-être, tant son harnachement laisse dubitatif, s'extrait du bassin en canoë-kayak. Le troisième larron, vêtu d'un short et d'un tee-shirt blanc, projette des balles en tous sens avec sa raquette fluorescente.

Prévenus de l'événement par le proviseur, les journalistes se sont rendus sur place afin de les interviewer. On relate aussi dans la presse que les étranges visiteurs ont eu le temps de visiter différentes salles de classes, semant le trouble parmi les occupants. Ne parlant visiblement pas notre langue et ne comprenant pas l'affolement général, ils seraient repartis comme ils étaient venus : le mystère reste entier !

Les élèves et enseignants avaient prêté volontiers leur concours. Je me souviens d'une classe en particulier, où nous avions dû recommencer la même scène deux fois, à cause d'un problème technique, un des deux cameramen ayant mal enclenché le bouton de démarrage. Il s'agissait de reconstituer un consulat romain, autre façon de présenter un cours de latin, avec en fond sonore la chanson de J. Brel : Rosa, rosae, rosam... En venant au lycée, le matin, chaque figurant avait dû se charger, en plus de son cartable déjà bien lourd, d'un grand drap blanc qui lui servirait de toge. Recommencer la scène, la semaine suivante, les contraignait à renouveler cet effort. Ils l'avaient cependant fait bien volontiers.

Mon inspection eut lieu au mois d'avril. Elle devait durer trois heures au cours desquelles je devais présenter l'animation vidéo et soutenir une étude de cas sur un problème d'absentéisme. La dernière heure étant consacrée à un entretien d'ordre plus général, avec mon examinateur.

Pour des raisons d'emploi du temps des élèves, il était convenu entre le proviseur et l'inspecteur que je commencerais à présenter « l'animation », afin de libérer les protagonistes du court-métrage, avant neuf heures.

Ils avaient un trac pire que le mien et je me demandai plusieurs fois pendant la séance qui, d'eux ou de moi, subissait l'épreuve. En tout cas leur grande implication impressionna fortement l'inspecteur qui était chargé de mon évaluation.

C'était monsieur Javey. Je le connaissais déjà puisqu'après m'y avoir introduite, il avait dû m'annoncer que, du fait de mon nouveau statut de stagiaire, je devrais quitter le réseau de formateurs auquel j'appartenais. Ajouté à la souffrance de devoir quitter un navire au beau milieu de la tempête, j'avais reçu cette décision comme une gifle.

Le reste de l'inspection se passa aussi bien que possible et l'entretien se poursuivit autour d'un café.

Monsieur Javey aborda spontanément le sujet du centre de formation qui réunissait périodiquement tous les stagiaires disséminés, comme moi, dans différents établissements ; certains venant de très loin, du fait du petit nombre de centres en France.

— Il y a beaucoup à revoir, je crois, non ? Je me suis laissé dire que le contenu est quelque peu désuet et que certains intervenants n'ont pas les compétences requises. Comment cela s'est-il passé pour vous ?

Je le sentais préoccupé et j'avais aussi la nette impression qu'il n'exprimait pas toute sa pensée. Monsieur Javey était connu comme un homme discret et intelligent, mais aussi prudent.

Je répondis brièvement que ces périodes de formation ne m'étaient pas apparues aussi enrichissantes que je l'aurais souhaité.

Il précisa alors sa question en me demandant directement ce que je pensais de madame Foucher.

Madame Foucher, cumule la fonction de directrice du centre de formation et de proviseur du lycée Victor Hugo, qui accueille le centre en ses murs. Ce lycée est considéré comme le plus prestigieux de la ville de D... mais la réputation de madame Foucher est assez controversée. Je sais que monsieur Javey ne l'apprécie pas du tout à titre personnel, mais je n'ai aucune raison de porter un jugement sur quelqu'un que je connais peu. Je reste sur mes gardes et m'en tiens strictement aux faits :

— Je pense que madame Foucher a plutôt une conception traditionnelle de la fonction avec un aspect surveillance et discipline très marqué. C'est un peu à l'opposé de la responsabilité éducative que cherchent à affirmer les CPE de ma génération.

Monsieur Javey eut un sourire entendu et reprit un deuxième café.

La suite de la conversation fut agréable. Je me gardai bien d'évoquer la démagogie qui avait consisté à nous demander une liste de sujets que nous aimerions voir abordés pour imposer finalement les thèmes (et les animateurs) strictement identiques aux années précédentes. Je n'évoquai pas d'avantage l'oubli de la secrétaire, madame Brossard, qui omit de transmettre deux mois durant les renseignements nécessaires au rectorat, de telle sorte que l'ensemble des stagiaires dut attendre trois mois avant d'être payé !

Au lieu de cela, et profitant de son écoute, je lui exprimai quelques idées et quelques convictions qui me tenaient à cœur : l'importance de placer l'élève au centre de son projet, le besoin du respect de la personne et l'impératif de loyauté pour obtenir la mobilisation d'une équipe...

Est-ce à cause de cela que je me verrai proposer le poste d'adjointe à la direction du centre, l'année suivante, aux côtés de madame Foucher ?

Monsieur Javey m'assura de mon entière réussite et me souhaita un grand succès dans la poursuite de ma carrière.

« Une bien étrange affaire » fut officiellement présenté par les élèves au cours d'un apéritif qui clôtura l'année. Inutile de dire qu'à défaut d'être « nominée » pour les césars, la vidéo obtint un franc succès.

Madame Vilard, que j'ai eu l'occasion de rencontrer, depuis, à l'occasion d'un concert, m'a rapporté que le film continue à être projeté chaque année, lors de la rentrée.

Aujourd'hui, sur l'étagère de mon salon, deux bibelots figurent en bonne place : une étonnante grenouille en céramique craquelée offerte à mon départ par Laurence, madame Vilard et l'intendante ainsi qu'une magnifique colombe stylisée, cadeau de Noël de madame Berger.
Deux mascottes, deux tranches de vie et une page à tourner.

L'an sept

Mais que diable suis-je allée faire dans cette galère ?

Le cendrier est plein. Des bouquins jonchent le tapis du salon. Je n'ai ni la force, ni l'envie de lire. Je n'ai envie de rien. Pas même de musique. J'ai branché mon répondeur pour filtrer les appels. Je n'y suis pour personne.
 Il fait très froid en ce début décembre. Par la fenêtre, j'aperçois le ciel gris. Un léger vent du nord balance les branches des arbres. La chaleur de ce petit pied à terre que j'ai fini par dénicher il y a trois mois, m'apporte un peu de réconfort. Mes journées se passent à ressasser les derniers événements. J'éprouve une forte angoisse à l'idée que je ne pourrai rien y changer. Me faire une raison ? Je ne peux pas non plus. Ce n'est pas ma nature !
 Pour la première fois de ma vie professionnelle, je suis en arrêt maladie. Arthrose cervi-

cale. Ceux qui savent connaissent la douleur. Le médecin avait été inflexible. J'en suis au troisième jour de mon arrêt forcé. Je me tourne et retourne sur mon canapé en cherchant vainement une position supportable.

Depuis la rentrée, je travaille au lycée Victor Hugo de D... sur délégation rectorale, c'est à dire en bénéficiant d'un statut dérogatoire.

Lorsqu'un CPE en poste passe et réussit le concours de chef d'établissement, il doit selon la réglementation, effectuer un stage d'application dans un autre établissement. Son poste d'origine reste donc temporairement disponible. Il n'est pas libre pour autant et ne participe pas au « mouvement » de l'année. En effet, son titulaire officiel conserve la possibilité de le récupérer à l'issue de son stage s'il s'avère que la voie choisie ne lui convient pas ou qu'il n'a pas fait preuve des compétences requises.

Ainsi le système de la « délégation rectorale » permet-il de ne pas laisser un poste inoccupé en lui affectant un remplaçant pour une durée d'un an (éventuellement renouvelable).

Ne pouvant pas retourner au LEP St Exupéry, (la réforme était passée, mais c'était trop tard pour moi !), et ayant eu l'agréable surprise de me voir nommée titulaire dans un petit collège à quarante kilomètres de D... (merci pour l'encouragement à passer des concours !), j'en étais arrivée à utiliser cette formule pour tenter de rester dans la périphérie de D... dont je me voyais éloignée une fois de plus, au grand regret de Xavier.

— Il n'y a aucune possibilité pour toi d'avoir un poste moins loin, voire à D... ?

— Si, bien sûr, je peux faire une demande de délégation rectorale, on ne sait jamais.

Mais j'ajoutai aussitôt :

— Seulement, tu sais, j'ai appris qu'il y a un poste libre pour une telle délégation au lycée Victor Hugo. Si je fais ma demande pour D..., il y a toutes les chances que j'y sois nommée. Compte tenu de l'ambiance que j'y ai perçue l'année dernière durant ma période de formation, je préférerais éviter. Rester à D... d'accord ! mais à Victor Hugo, pas question !

— Il n'y a pas que Victor Hugo. Tu peux aussi être nommée ailleurs. Et puis, au pire, tu conserves toujours le droit d'accepter ou de refuser, non ?

— Oui, mais j'ai un mauvais pressentiment, quelque chose me dit que c'est là que je finirai par atterrir.

Avant que je ne prenne ma décision, nous décidons d'aller voir à quoi ressemble le collège où je suis officiellement nommée. Son nom nous attire : collège Jacques Prévert. Nous prenons la route aussitôt avec l'intention de terminer la soirée devant une pochouse, sorte de bouillabaisse de poissons de rivière, qui est une spécialité réputée du canton.

C'est la fin de l'après-midi. La route est belle et les couleurs du soleil couchant embrasent le ciel et illuminent la campagne. Nous traversons un vrai moment de paix et de sérénité. A l'entrée de la bourgade, un pont au-dessus de la rivière, entouré de maisons anciennes et très typées, forme un cadre ravissant.

— C'est plutôt accueillant, tu ne trouves pas ?

— C'est très beau, mais n'oublie pas que c'est l'été. Tout est toujours plus beau à cette saison. Imagine aussi la route que nous venons de parcourir, l'hiver, avec du brouillard et un verglas qui ne doivent pas manquer par ici.

Je ne répondis pas. J'avais hâte de voir le collège, ce qui, somme toute, était le plus important à mes yeux.

On se trompa de rue. En fait, nous étions passés devant le collège sans le voir, car je l'avais confondu avec une usine désaffectée. Quand on pénétra à l'intérieur de la cour, le spectacle de désolation qui se présenta à nous déclencha ma réaction immédiate :

— Je ne veux pas travailler ici !

— C'est incroyable que l'on puisse accueillir des enfants dans des bâtiments aussi délabrés ! s'exclama Xavier.

— On dirait cependant que c'est en rénovation, tu ne crois pas ? Regarde, il y a un bâtiment, à droite, qui semble tout récent.

— Oui, mais ces façades sales et crasseuses... Et cette espèce de HLM dégoûtant, tu imagines habiter là ?

Nous nous connaissions depuis près de trois ans. Tous deux marqués par un divorce douloureux, nous voulions protéger notre amour tout neuf le plus longtemps possible. Nous avions donc décidé, d'un commun accord, de conserver une double résidence afin de ne pas nous laisser abîmer par le quotidien. Couple non cohabitant ! Le mot n'était pas encore d'usage courant, mais il nous convenait parfaitement. Xavier vivait dans une grande maison à D... Depuis mon départ obligé de St Exupéry, je louais un appartement en attendant de retrouver un logement de fonction. Celui que les façades de Prévert laissaient supposer ne pourrait guère me convenir.

La pochouse fut exécrable et la fin de la soirée morose. Accepter ce poste me paraissait inconcevable et, en même temps, le refuser n'allait pas manquer de m'entraîner dans de nouvelles incertitudes.

Je décidai cependant d'en rester là et effectuai rapidement une demande de délégation pour la ville de D... Une manière comme une autre de repousser mon choix jusqu'au moment où j'aurais connaissance du résultat de ma demande, c'est à dire à la rentrée.

Mes dernières grandes vacances avaient été gâchées par ma bataille pour être maintenue à St Exupéry. Je n'avais pas l'intention de rater celles qui s'annonçaient sous de meilleures auspices. Nous avions projeté, avec Xavier, de partir en voilier.

J'avais hâte de chausser palmes, masque et tuba pour aller dire bonjour aux poissons, nos amis !

La commission pour l'attribution des délégations rectorales avait pris du retard et ne se réunit que le soir de la prérentrée, début septembre. Dans l'attente de la décision me concernant, je fus donc amenée à prendre mes fonctions, ce même jour, au collège Prévert, sans savoir si j'y serais encore le lendemain.

Je fus accueillie par le principal, madame Thénardet, qui venait aussi d'y être nommée.

Quelle ne fut pas ma surprise de découvrir une petite bonne femme me recevant dans son bureau, mules au pied et vêtue d'un pyjama rose (short et débardeur) du plus bel effet. Avec un grand naturel, elle m'expliqua que « ce qu'il y avait de pratique ici, c'est que les bureaux administratifs jouxtaient les appartements. On pouvait travailler en terminant son café ou en surveillant sa soupe ». Des Ray-Ban aux montures dorées apportaient une touche finale et recherchée à l'ensemble. Je dus tendre l'oreille pour comprendre ce qu'elle me disait. Son débit rapide, un accent régional des plus marqués et sa manière de traîner sur les syllabes ne me facilitaient pas la tâche.

Décidément, mes changements d'établissements, pourtant déjà nombreux, n'en finiraient jamais de me surprendre !

Au cours de la journée, madame Thénardet a le temps de me faire part de ses nombreux projets pour les élèves qu'elle place véritablement au centre de leur apprentissage. Je sens en elle du dynamisme à revendre. Elle y croit. Elle me confirme qu'un plan de rénovation des bâtiments est mis en place. Oubliant mes premières impressions, je finis même par me laisser gagner par son enthousiasme et commence à regretter ma demande de délégation rectorale.

C'est ce même soir, à vingt heures environ, que Marc, représentant syndical, me téléphone la nouvelle :

— Ecoute, je sais que ce n'était pas ton vœu le plus cher, mais je n'ai vraiment pas pu faire autrement, ni moi, ni les autres collègues, d'ailleurs. Tu as une délégation au lycée Victor Hugo. Tu sais que madame Foucher fait partie de la commission. Elle s'est longuement entretenue dans le couloir avec monsieur Javey. Elle n'en a pas démordu. C'est toi qu'elle veut !

Dire que je reçus la nouvelle comme un coup de massue serait exagéré. Depuis le début, j'en avais le pressentiment. J'avais joué avec le feu et j'étais en train de me brûler. Je lui fis part de ma déception. Il ajouta, comme pour s'excuser :

— Comment voulais-tu que je dise à madame Foucher, qui te trouve la seule compétente à prendre le relais de ton prédécesseur, que tu n'as pas envie, toi, de travailler avec elle ?

— De toute façon, je peux refuser, n'est-ce pas ?

— Oui, mais, je ne te le conseille pas. Tu as déjà beaucoup fait parler de toi au rectorat l'année dernière. Ce n'est pas la peine d'en rajouter. Il faut ménager ton avenir.

Je le remerciai pour son conseil. J'étais au pied du mur. Il me restait la nuit pour prendre une décision.

Nous avons passé une grande partie de la soirée avec Xavier, à peser le pour et le contre. Lui insistait sur le fait que j'aurais ainsi l'occasion de retrouver une activité de formation et qu'aller « m'essayer » dans un lycée aussi prestigieux serait de toute façon une bonne expérience. Quant aux rumeurs qui couraient sur l'infernal duo Foucher – Brossard, c'était peut-être exagéré. En tout cas, à vérifier.

— Je te rappelle que j'y ai un peu goûté l'année dernière ! Ce ne sera pas facile pour moi de faire ma place.

— Alors, prends-le comme un défi. Si tu réussis, tu es sûre que tu pourras affronter ensuite n'importe quel autre établissement.

Fût-ce réellement le goût du défi ou la crainte des trajets quotidiens ? Au moment de m'endormir, j'avais décidé d'accepter et de rester à D...

Le lendemain matin, et non sans appréhension, je me rendis au lycée Victor Hugo. J'avertis naturellement madame Thénardet qui ne sembla pas surprise. Elle manifesta l'espoir que je pourrais travailler avec elle l'année suivante et me souhaita une bonne rentrée tout en me promettant de me tenir au courant de ses projets. Ce qu'elle fit en m'envoyant le projet d'établissement du collège dès qu'il fut rédigé. Plus de cent pages de propositions qui me séduisirent.

Le lycée Victor Hugo, à D... jouit de la meilleure réputation. Les résultats au baccalauréat et aux concours des grandes écoles parlent d'eux-mêmes. En dehors des élèves qui sont inscrits par mesure de carte scolaire, cette notoriété attire les meilleurs éléments que le proviseur ne refuse pas.

C'est un peu sur la défensive que je me présente ce matin-là à l'assemblée générale de rentrée que madame le proviseur a convoquée et qu'elle préside. Je n'ai pas encore pu la rencontrer, ni mes futurs collègues, d'ailleurs. J'en connais un ou deux de vue, c'est tout.

A la fin de la réunion, je m'approche d'elle pour la saluer. Elle me répond d'un signe de tête et m'informe, en me désignant un jeune homme que je ne connaissais pas :

— Vous serez, madame, sa tutrice. Par ailleurs, je vous rencontrerai demain à dix-neuf heures à mon bureau.

Et sans me manifester plus d'attention, elle se perd dans la foule pour répondre aux saluts empressés que les anciens professeurs lui adressent avec force courbettes. De toute façon, le ton de sa voix n'autorise aucune discussion. Je fais connaissance avec le jeune homme qui se prénomme Jean-

Paul. Il me précise qu'il vient de réussir le concours de CPE et qu'il passe son année de stage dans l'établissement. Je lui propose de découvrir ensemble le lycée, puisque je viens d'y être nommée.

Le lendemain, comme convenu, je me présente chez le proviseur à l'heure dite. Madame Foucher m'invite à prendre place dans un des grands fauteuils de cuir blanc qui meublent son bureau, par ailleurs sans âme. Aucun décor : ni tableaux, ni plantes. Le reflet de son image : efficace et austère.

Elle me présente rapidement l'établissement, mettant l'accent sur le fait qu'une grande partie du personnel travaille ici depuis vingt ans et plus, qu'il y a beaucoup à changer mais qu'on ne bouscule pas des habitudes en un coup de baguette magique. Sans plus de confidences, elle ajoute simplement qu'elle a essayé à son arrivée et qu'elle a dû abandonner. Faisait-elle allusion à ses démêlés avec sa secrétaire ?

On racontait sous le manteau que leurs rapports n'avaient pas toujours été cordiaux. A son arrivée, quatre ans auparavant, madame Foucher avait trouvé au milieu des meubles laissés par son prédécesseur, celle que tous surnommaient « la mère Brossard » et qui sévissait depuis plus de trente ans dans la fonction de secrétaire de direction. C'est dire si elle connaissait mieux que quiconque tous les rouages d'un établissement où elle avait pris ses habitudes. Le choc fut frontal et, d'après les témoins, la bataille entre les deux femmes fit rage pendant trois mois.

La vive intelligence politique de madame Foucher lui fit comprendre très vite le risque qu'il y aurait à prolonger cette opposition. Elle retourna la situation en sa faveur en accordant à sa « collaboratrice » une large délégation concernant le fonctionnement quotidien du lycée en échange d'une allégeance sans faille à sa propre personne.

— ... je veux qu'en plus de la responsabilité de l'internat, vous preniez en charge l'organisation du travail et la répartition des surveillants dans les différents services. Je ne sais pas pourquoi, mais cela ne fonctionne pas. Je pense que c'est du côté de vos collègues qu'il faut chercher. A ce propos, je compte vraiment sur vous pour former une équipe. Il n'y a pas d'équipe CPE et il en faut une.

Ce n'est pas moi qui vais la contredire. Au fil de la conversation et devant ce que je considère comme une grande confiance qu'elle me fait, mes craintes et mes appréhensions commencent à se dissiper. Je me détends un peu.

On évoque les classes préparatoires dont je serai chargée, l'informatique à installer, mon rôle par rapport à Jean-Paul et elle me fixe un autre rendez-vous pour préparer la formation des stagiaires CPE, non sans me préciser :

— Vous savez, madame, c'est grâce à moi que vous êtes là. J'ai exigé que ce soit vous et personne d'autre car je connais vos compétences dans le domaine de la formation.

Que pouvais-je répondre ? Qu'elle me faisait là beaucoup d'honneur et que je n'en avais pas tant demandé ? C'est vrai que ce qui se passait depuis une heure était plutôt inattendu. J'étais rassurée et je commençais à voir l'avenir sous un jour plus positif. Elle voulait une équipe de CPE ? Elle en aurait une. Elle voulait que le service vie scolaire fonctionne ? Il fonctionnerait. J'en étais là de mes pensées, lorsqu'on frappa à la porte.

C'était la mère Brossard. Elle entra et lui proposa d'aller faire ses courses tout en sortant son chien (un griffon blanc comme neige) qu'elle tenait déjà en laisse. Bien qu'un peu gênée par la situation, madame Foucher m'avoua que, pour rien au monde, elle ne voudrait que les élèves ou le personnel, la voient traverser la cour, une baguette de pain sous le bras ou un panier de provisions à la main.

— Dans ma situation, n'est-ce-pas, ce serait dégradant...

Il m'arrive encore souvent, en grimpant les étages de mon appartement de fonction, les bras chargés de sacs et cabas, de repenser à cet épisode et d'en sourire. Sur le coup, je ne sus que répondre :

— Je comprends. C'est vrai qu'en ce qui me concerne, je n'y ai jamais songé, mais votre position dans le lycée est bien différente de la mienne...

Elle changea rapidement de sujet et me congédia en me tendant la main.

Ainsi donc, la rumeur était avérée. Ne disait-on pas que si la mère Brossard ne comptait pas ses heures et qu'il était habituel de la trouver encore au secrétariat à vingt heures, c'était surtout pour promener le chien de madame Foucher et lui faire ses courses, ou encore, pour conduire sa rutilante voiture de fonction au lavage, voire, d'en faire tourner le moteur dans la cour, en hiver, un bon quart d'heure avant qu'elle ne quitte son bureau, afin qu'elle ne prenne pas froid en montant dedans ?

En rentrant chez moi après cet entretien, je suis envahie d'un sentiment bizarre et contradictoire. D'un côté, j'éprouve un grand malaise face à un comportement si éloigné de mes conceptions et si opposé à mes valeurs. Mais, en même temps, les responsabilités que madame Foucher vient de m'attribuer m'apparaissent comme une grande preuve de confiance et je n'ai jamais trahi la confiance qu'on a pu placer en moi. La tâche allait être difficile. Ce n'était pas gagné d'avance. Mais j'ai toujours aimé les challenges. Je décidai de consacrer tous mes efforts à relever celui-là en choisissant d'ignorer ce dont je venais d'être le témoin involontaire. Peut-être même que j'allais pouvoir réussir là où d'autres s'étaient usés et finalement résignés ?

Hélas, c'était oublier une grande leçon de l'expérience. On ne triche pas impunément avec ses croyances et ses convictions profondes. La réalité se chargea vite de me le rappeler.

Pour répondre à la volonté exprimée par le proviseur de créer une équipe de CPE plus unie, j'avais suscité la tenue d'une réunion hebdomadaire afin d'échanger sur nos préoccupations. Cette proposition avait recueilli l'adhésion de cinq collègues sur six. Bérangère, qui ne voyait pas l'intérêt d'une rencontre, n'y participa jamais.

Compte tenu de l'éclatement géographique et de la taille du lycée, nos bureaux se trouvaient éloignés les uns des autres. Cette réunion nous permit de nous rencontrer régulièrement tout en intégrant Jean-Paul, notre stagiaire. Nos discussions nous amenèrent à trouver des solutions à des problèmes qui n'en avaient jamais trouvé. J'y voyais un début prometteur, jusqu'à ce que la question du service de petites vacances vienne à être évoquée. C'est Jacques qui aborda le sujet :

— Dans tous les établissements, chaque membre du personnel de cadre A effectue, par roulement, une permanence afin de maintenir une ouverture au public durant chaque période de petites vacances. Ici, ni le proviseur, ni ses adjoints ne participent à cette rotation.

— Et on en a marre, précisa Colette. Cette année, puisque nous pouvons en discuter ensemble, il faut refuser de se soumettre à un tel abus de pouvoir.

— Oui, mais il faudrait qu'on refuse tous ensemble. Le problème, c'est qu'on ne pourra jamais compter sur Bérangère Pandana. De toute façon, elle ne suivra pas, ajouta Jacques.

— Faisons sans elle puisqu'elle n'est pas là. En tout état de cause, il vaut mieux qu'elle ne soit pas mise au courant. Sinon, elle sera au rapport chez la mère Brossard, avant même qu'on ait eu le temps de demander un rendez-vous au « chef » !, s'exclama Colette.

— Je propose, dit Jacques, qu'on relise ensemble les textes sur l'organisation de ce service avant de rencontrer madame Foucher. Il faut absolument s'appuyer sur les textes officiels !

Il n'y avait pas de doute : l'équipe de CE/CPE commençait à exister. Je me doutais bien que la forme revendicative que prenait ce début de cohésion n'était pas exactement ce que madame Foucher avait imaginé. Mais je pensais qu'elle comprendrait qu'il y avait un prix à payer pour introduire le changement ; un prix qui n'était, après tout, pas si exorbitant puisqu'il ne faisait que poser une règle de justice, par ailleurs prévue dans les textes. A mon sens, c'était l'occasion de faire un geste qui pourrait montrer que les choses pouvaient changer.

Nous décidâmes de rédiger une lettre au proviseur, en joignant les références du texte officiel ainsi qu'une demande de rendez-vous. Trois d'entre-nous se chargeraient de rencontrer un représentant syndical de chaque fédération afin d'obtenir des conseils sur la marche à suivre.

En raison de nos liens cordiaux, c'est moi qui fus chargée de joindre monsieur Javey, qui était toujours notre inspecteur vie scolaire. Il connaissait forcément la réglementation en vigueur.

Tout se déroula très vite. On était mi-octobre et les premières vacances seraient dans quinze jours.

Je téléphonai à monsieur Javey, aussitôt après mon service.

— Bonjour Marie, que vous arrive-t-il ?

Je lui exposai le problème le plus brièvement possible et je lui fis part en même temps des résolutions que nous avions prises ensemble.

— Ah ça, c'est la meilleure ! Bien sûr que vous avez raison de contester, c'est inadmissible. Je ne connais aucun établissement qui fonctionne ainsi. Faites comme vous l'avez décidé et tenez moi au courant !

Je le remerciai et je raccrochai, rassurée. Entre temps, les syndicats avaient confirmé la réponse de l'inspecteur.

— Essayez de régler cette affaire seuls. Si ça ne marche pas, on interviendra, nous dirent-ils.

Colette écrivit la lettre. Après relecture, chacun de nous la signa.

Dès le lendemain, je reçus de madame Foucher une convocation pour le soir même à dix-sept heures, dans son bureau.

Me doutant du motif, je vérifiai auprès de mes collègues s'ils avaient reçu le même courrier. Leur réponse négative me fit comprendre que j'étais partie pour un entretien difficile.

A l'heure dite, je me fais annoncer par la mère Brossard. Connaissant la raison de ma « visite », elle ne peut s'empêcher de me saluer d'un sourire narquois. Je décide de l'ignorer et entre dans le bureau de madame Foucher. D'abord, elle ne lève

pas la tête. Puis, au bout de quelques secondes qui me paraissent une éternité, elle pose, enfin, son « Mont-Blanc » et, sans répondre à mon « bonjour », m'indique un fauteuil du geste :
— Asseyez-vous, madame.
Me regardant à peine, elle vient se placer à ma droite. J'ai le temps de la détailler : sa jupe, remontée à mi-cuisse, laisse voir des jambes impeccablement bronzées. Elle porte un chemisier blanc, profondément échancré, qui lui donne un air de fausse jeunesse. Le lifting camoufle bien ses cinquante-cinq ans.

Pendant que je me laisse aller à ces pensées, elle ouvre un bulletin officiel qui constitue la référence ultime et incontournable au sein de notre administration.
— Madame, dit-elle en me fixant droit dans les yeux, je crois que vous faites erreur.
Je la regarde, j'attends la suite.
— J'ai étudié la circulaire concernant le service des vacances. Je suis dans une parfaite légalité. Nous allons d'ailleurs la lire ensemble.

Pas de doute, elle a choisi de traiter le problème avec moi seule. La rumeur qui prétend aussi qu'elle a en horreur et craint les requêtes collectives est donc fondée. Cela ne va pas être facile de faire changer quelque chose si elle persiste sur ce point. Je tente quand même :
— Madame, (je ne peux m'empêcher de lui retourner son « madame » distant et impersonnel), la démarche des CPE est collégiale. Nous avons

sollicité une entrevue avec vous mais je ne suis pas habilitée à traiter, toute seule, cette question. Je pense qu'il serait préférable que vous acceptiez de nous recevoir tous ensemble pour...

— Il n'est pas question que je vous reçoive tous, coupa-t-elle sèchement. Je n'ai pas de temps à perdre avec des CPE (sic) ...et puis, je sais pertinemment que c'est vous et vous seule qui êtes à l'origine de cette contestation. Cette pratique se fait depuis de nombreuses années. Jamais personne ne s'est plaint.

Et pâle de colère, debout face à moi, elle poursuit :

— Depuis que vous êtes là, il y a un vent de révolte chez les conseillers.

Je choisis de ne pas répondre à l'attaque personnelle et me dirige vers la porte :

— Je pense que c'est dommage que vous ne vouliez pas nous rencontrer. Ca aurait pu aider à faire changer...

Elle ne me laisse pas terminer ma phrase.

— Je ne vois vraiment pas ce que cela pourrait faire changer. Je vous ai dit « Non » !

Je la salue et referme la porte, un goût amer dans la bouche.

Rejoignant mon bureau, je téléphone à mes collègues pour leur rendre compte de ce qui vient de se passer et les assurer que je reste à leurs côtés.

C'en est trop pour moi. La mauvaise foi évidente du chef d'établissement ainsi que la dégradation de nos relations ne me laissent pas d'autre choix que de rejoindre mon camp : celui de ceux qui aspirent à plus d'équité et à une véritable justice.

Je comprends et partage la révolte des collègues qui ne tolèrent plus d'être pris pour des « Cons Patentés de l'Etat », surnom dont certaines personnes bien intentionnées du service intendance, nous affublent volontiers.

J'en suis là de mes tristes constatations lorsque la porte s'ouvre à la volée pour livrer passage à une mère Brossard triomphante de jubilation. Jouant l'affolement, elle brandit un papier dans une main et un stylo dans l'autre. Tout en réajustant ses lunettes d'écailles qui lui tombent sur le nez, elle minaude, d'un ton mielleux :

— Madame Tisserand, vous voudrez bien m'excuser. J'ai fait une petite erreur en vous donnant ce calendrier à signer la semaine dernière pour le service de petites vacances. Je vous avais mis en troisième position de choix, à la place du collègue que vous remplacez. Mais, étant la dernière arrivée, vous devez vous trouver en dernière position.

Et de poursuivre, d'un trait :

— Mais vous savez, vous pouvez refuser. C'est de ma faute, c'est moi qui me suis trompée.

Tout en disant cela, elle pose le calendrier devant moi et me tend le stylo. Les yeux rivés sur l'écran de mon ordinateur, je la sens se rengorger sous sa fausse humilité. Tant d'hypocrisie me donne la nausée.

En continuant ma frappe au clavier, je m'entends lui répondre avec indifférence :

— Faites ce que vous voulez !

Elle se confond en remerciements tout en reculant à petits pas vers la porte pour mieux savourer sa victoire.

Mes collègues et moi, nous n'avions pourtant pas renoncé. Forte de l'entretien que j'avais eu avec l'inspecteur, et avec l'appui des représentants syndicaux, nous pensions fermement obtenir gain de cause en nous adressant au rectorat.

Notre déception fut grande lorsqu'il nous fut répondu que le rendez-vous que nous demandions ne nous serait accordé qu'après les vacances de Toussaint. Mais, il restait d'autres périodes de vacances. Et même, si nous n'obtenions pas satisfaction cette année, il fallait penser à long terme.

Malgré mes réticences, mes collègues me désignèrent pour les représenter. Deux professeurs du lycée appartenant à deux syndicats distincts m'accompagneraient.

Le recteur nous reçut à dix-sept heures, en même temps que d'autres délégations venues plaider diverses causes. Il était pressé, il n'avait qu'une demi-heure à nous consacrer, son secrétaire général allait le remplacer et étudierait nos demandes...

Ne voulant prendre aucune décision ni engager aucune responsabilité, le-dit secrétaire nous déclara, à son tour, que « monsieur Javey serait saisi de l'affaire ».

C'est durant l'arrêt maladie qui me cloue au lit que l'aventure connaît son dénouement.

En mon absence, les collègues et les deux représentants syndicaux qui nous aident dans notre combat, sont reçus par monsieur Javey pour un « entretien sympathique ». Il ne nous donne pas tort mais ne se montre plus aussi affirmatif qu'il l'avait été durant notre conversation téléphonique, deux mois plus tôt. Il verrait madame Foucher. Lui demanda-t-il de revenir sur ses positions ? Si oui, échoua-t-il ? Bref, nous perdons sur toute la ligne.

Fatiguée, malade et découragée, je choisis de rédiger une lettre que je ferai parvenir un peu avant Noël à madame le proviseur. En trop grand désaccord avec ma hiérarchie, je refuse de poursuivre davantage ma collaboration à la formation des stagiaires CPE et présente ma démission du poste d'adjointe à la direction du centre de formation.

Madame Foucher en prendra acte et se contentera de faire disparaître mon nom du programme.

Assommée par la douleur qui me taraude la nuque, je m'assoupis pour tenter de trouver un soulagement. Il est quatorze heures trente quand le téléphone sonne.

Le répondeur se déclenche, l'interlocuteur raccroche sans laisser de message. Quelques minutes plus tard, la sonnerie retentit une nouvelle fois. Je ne décroche pas. Cette fois, on parle :

— Je vous dis qu'elle ne veut pas répondre, tout à l'heure, ça sonnait occupé et maintenant, elle a mis son répondeur.

C'est la voix et le ton sarcastique de la mère Brossard qui poursuit :

— Il faut quand même bien qu'on arrive à la joindre, qu'est-ce qu'elle en a fait de ce chèque ?

— Il est bien quelque part ? ajoute une deuxième voix, qui est celle de Bérengère.

Je suis la conversation en direct, en me demandant si elles se rendent compte qu'elles sont écoutées... et enregistrées !

— De toute façon, elle le fait exprès pour nous ennuyer, je vais en parler à madame le proviseur, conclut la mère Brossard d'un ton ferme.

J'ai gardé la cassette. C'est un régal du genre, un modèle de sketch.

L'état dans lequel je me trouve ne me permet pas d'en rire. Au contraire, il relance mon inquiétude : qu'est-ce que c'est que cette histoire de chèque ? J'ai beau réfléchir, je ne comprends pas. Dommage que Jean-Paul soit en stage, au moins je saurais. A vrai dire, si ça n'avait pas été le cas, il n'y aurait jamais eu ce malentendu.

Au début de l'année, j'avais proposé à Jean-Paul de se charger, en plus du suivi des absences des étudiants de prépa, de recueillir les chèques de cotisation à la sécurité sociale qui devaient nous être remis avant le 31 décembre.

Parce qu'il veut apprendre, qu'il ne souhaite pas s'ennuyer et considère que c'est une tâche dont il faut bien s'acquitter, (mais est-ce bien là un travail de CPE ?), il avait accepté et je n'avais qu'à me louer de son sérieux et de son sens de l'organisation. En raison d'oublis et de négligences de quelques retardataires, il avait dû procéder à plusieurs rappels.

C'est à la suite d'un de ces rappels et en son absence, qu'une élève m'apporte son chèque, la veille de mon arrêt maladie. Elle se confond en excuses, elle l'a au fond de son sac depuis le 20 septembre. Est-ce que je l'accepte ou doit-elle demander à ses parents d'en établir un autre ? Pour éviter un nouveau retard, je préfère l'accepter. De toute façon, il est encore valable. Je lui précise que vu l'heure tardive, je ne l'enverrai que le lendemain, avec une dizaine d'autres restés en souffrance.

Le lendemain, hélas, je suis clouée au lit. Je n'ai pas oublié les chèques mais il reste encore un peu de temps avant la date limite. Jean-Paul doit revenir au lycée à la fin de la semaine. Je lui téléphonerai afin qu'il fasse le nécessaire.

C'est sans compter sur la malchance. Malchance qui, décidément, vient ajouter à une coupe déjà bien remplie !

Il est seize heures trente ce même jour, quand le téléphone sonne à nouveau. Je reconnais la voix chaleureuse de Xavier qui s'inquiète visiblement beaucoup de mon état de santé. Son amour, son attention et les mots d'encouragement qu'il me prodigue alors, me réchauffent et me vont tout particulièrement droit au cœur. Heureusement qu'il est là !

Quelques minutes plus tard, la sonnerie retentit. La conversation que je venais d'avoir et les sentiments dont j'étais remplie alors m'avaient tellement éloignée de mes récentes préoccupations, que j'en avais perdu toute méfiance. Je décroche machinalement :

— Madame Tisserand ? — et sans attendre de réponse — Ici madame Foucher. Il y a un très grave problème.

Elle ne me salue pas et s'enquiert encore moins de ma santé.

— Ma secrétaire a essayé de vous contacter, mais il semblerait que vous ayez décidé de ne pas répondre au téléphone...

Elle marque une pause. Décidément, ce n'est pas mon jour. Mais qu'est-ce-que j'ai fait au bon dieu ? Et, quel peut être ce « grave problème » ?

N'ayant rien à me reprocher, je reste sur mes gardes et attends la suite. Malgré son ton glacial habituel, je ne la sens pas vindicative. Simplement sèche et professionnelle, comme toujours.

— Ce week-end, mademoiselle Janin, étudiante en mathématiques supérieures, a eu un accident de ski. Je pense que vous la connaissez ?

Evidemment que je me souviens d'elle. Je ne connais pas tous les étudiants du lycée, ils sont plus de six cents, mais comment aurais-je pu oublier Emilie Janin, la fille au chèque laissé dans le fond du cartable ?

— Sa mère m'a téléphoné ce matin, très en colère et fortement étonnée d'apprendre que sa fille n'était pas affiliée à la sécurité sociale. Elle m'a assuré qu'elle avait fait le chèque aux environs du 20 septembre.

J'ai envie de répondre pour dissiper le malentendu, mais elle ne m'en laisse pas le temps :

— Et, en effet, madame Pandana, votre collègue, a trouvé ce chèque dans le tiroir de votre bureau tout à l'heure. Ainsi que d'autres, d'ailleurs... Cela fait plusieurs fois qu'on me dit que vous ne faites pas bien votre travail, je constate que ces remarques sont justifiées.

A vrai dire je n'étais pas surprise que « on » lui ait tenu de tels propos. La mère Brossard et ma collègue, qui se rendait au rapport tous les matins, passaient leur temps à commérer sur tout le monde. Je n'y avais jamais attaché beaucoup d'importance, mais j'en payais le prix aujourd'hui. Je m'en voulais aussi d'avoir fait confiance à cette étudiante qui n'avait même pas eu le courage de dire la vérité à sa mère.

Je lui expliquai ce que vous savez déjà. Visiblement, elle ne me crut pas ou ne voulut pas me croire. Sans doute était-il trop tard pour rétablir une confiance définitivement perdue ?

Ce même trimestre, j'avais passé le concours de chef d'établissement. Le réussir répondait à un désir mais surtout à la possibilité de quitter cet enfer au plus vite. La trop lourde charge de travail et les conditions de fonctionnement depuis la rentrée ne m'avaient pas permis de le préparer sérieusement. Je le ratai d'un demi point.

Mais, qu'est-ce que j'étais venue faire dans cette galère ? Comment faisaient mes collègues pour tenir le coup depuis tant d'années ? Blindés ? Philosophes ? Raisons familiales ? Ou masochistes ? Colette, c'était pour ses chats, m'avait-elle dit. Elle en a sept et un grand appartement avec une cour devant, qui est isolé du reste du lycée.

A la rentrée de janvier, le lycée reprend sa routine. A part Jacques qui, n'en pouvant plus, entamera une grève de la faim, les collègues retrouvent leur résignation. Je finis par les comprendre, non sans une infinie tristesse.

Je viens de recevoir la confirmation qu'à quelque niveau que ce soit, dans nos métiers, c'est la personne qui fait la fonction. Pour le meilleur comme pour le pire. Madame Berger m'avait montré le meilleur. Il fallait bien que je rencontre le pire ! Du moins, je le croyais. En réalité, je ne le rencontrerai vraiment que deux ans plus tard...

En accord avec ma conscience professionnelle, je vais, dès lors, me consacrer entièrement au suivi des étudiants, en évitant les lieux dangereux qui sont ceux du pouvoir personnel et de la malveillance. La tâche ne manque pas. Les années de préparation aux grandes écoles sont des années très exigeantes et sans concessions. Même s'ils sont « grands », les jeunes préparationnaires ont besoin d'écoute, d'encouragement quand l'exigence de résultats leur apparaît hors de portée, de soutien psychologique quand un chagrin d'amour survient la veille du concours, d'estime et de respect, toujours, parce que le mérite se gagne ici à la mesure de l'effort consenti.

Cette année là, l'année d'une rencontre manquée — mais peut-être impossible ! —, se termina avec un dernier coup du sort. Au début juillet, je perdis un ami véritable qui se suicida. Sachant que « on » serait trop heureux de me refuser une demande de quelques jours nécessaires pour aller à cinq cents kilomètres de D..., aider aux préparatifs de son enterrement et soutenir sa femme seule et désemparée, je décidai, sur les conseils de Xavier, de demander un arrêt de complaisance de quatre jours, à un copain médecin. (Oui, oui... Cela arrive quelquefois dans l'Education Nationale !)

Le lendemain de l'enterrement, à neuf heures du matin, la sonnette de l'appartement de mon amie retentit : c'est un médecin de la sécurité sociale qui vient me « contrôler » sur demande du proviseur.

La mère Brossard avait encore frappé ! Ce coup là fut le dernier et ce fut un coup d'épée dans l'eau !

L'an huit

Dans le tourbillon du bonheur

Il fait encore très chaud en ce début d'octobre. La route qui me conduit au collège Prévert de S... est particulièrement belle ce matin. Des teintes d'automne, chaudes et lumineuses, s'affirment progressivement au milieu de quelques bancs de brume qui s'attardent avant de s'évaporer au soleil. C'est splendide.

Après l'expérience douloureuse de ma délégation rectorale à Victor Hugo, je suis trop heureuse de pouvoir reprendre mon poste de titulaire. Mais je n'ai pas pu me décider à venir habiter sur place. Pour l'essentiel à cause de Xavier, mais aussi pour toutes les commodités et la vie culturelle qu'offre une grande ville.

J'avais d'abord redouté d'avoir à effectuer un trajet de quarante kilomètres, deux fois par jour. A tort. J'ai maintenant l'impression de l'apprécier chaque jour davantage.

C'est devenu pour moi une parenthèse paisible et intime, un moment de calme et de tranquillité qui précède et qui suit l'agitation de la journée. Un temps précieux qui n'appartient qu'à moi et que je vis pleinement.

Il est un peu plus de sept heures et demie quand j'arrive dans la cour du collège. Quel contraste avec le paysage désolé que nous avions découvert, avec Xavier, un an auparavant !
La rénovation a progressé à grand train. A croire que les collectivités locales, auxquelles l'entretien des bâtiments a été transféré, prennent ce rôle plus à cœur que l'état ne le faisait. Certes, tous les travaux ne sont pas terminés, mais l'ensemble est devenu méconnaissable. De jolies façades aux tons vifs apportent un air de gaieté et de jeunesse. Bref, cela sent bon la vie !
Une vie enthousiaste, bruyante, souvent débordante, que j'avais oubliée et que me rappelle le petit monde envahissant des onze-quinze ans. Leurs jeux créent généralement au sein du collège une atmosphère familiale plutôt bon enfant.
— Madame Tisserand, venez vite s'il vous plaît, Thomas et Renaud sont en train de se battre dans le hall.
C'est Sandrine, une des trois surveillantes, qui vient m'avertir. Le temps de m'excuser auprès

d'Isabelle, « la prof de sports », qui avait souhaité me rencontrer, et je fonce sur le lieu du pugilat.

Le combat est rude. Fort occupés à leur besogne au centre d'un cercle de curieux qui s'écartent pour me laisser passer, les deux comparses ne me voient pas arriver.

Selon une technique bien éprouvée que j'avais eu l'occasion de rôder durant mes années de surveillance (compte tenu de ma petite taille, je n'ai jamais pu me permettre de rater mon effet), je saisis une tignasse dans chaque main, écarte les deux adversaires et, sans un mot, les relâche en indiquant d'un doigt ferme, la direction de mon bureau.

Il est des moments où la colère qu'on laisse imaginer paraît beaucoup plus terrible que celle qu'on pourrait exprimer.

Satisfaite de ma prestation, j'en ris toute seule en suivant mes deux compères qui adoptent, pour la circonstance, une mine déconfite.

Dans la cour, Gilles, l'autre surveillant est venu rejoindre Sandrine. Je les vois qui entament une discussion avec les élèves. J'ai confiance en eux. Ils sauront gérer la situation.

Un petit mot d'Isabelle est posé sur mon bureau. Elle est partie assurer son cours et reviendra en fin de journée pour que nous puissions commencer à organiser une semaine de ski destinée aux élèves de troisième.

Pendant que je prends connaissance de son message, le silence s'alourdit. En face de moi, les deux protagonistes n'en mènent pas large. Un coup d'œil me rassure. Je ne vois aucune blessure apparente et j'en suis soulagée. Je n'ai jamais pu supporter la violence quand elle touche à l'intégrité physique. En plus de cela, je déteste avoir à soigner des blessures ! Dans un collège qui n'est pas doté d'un poste d'infirmière, autant vous dire que je suis gâtée !

Il est temps de rompre le silence et d'aborder ce qui vient de se passer, ne serait-ce que pour les aider à se « parler » au lieu de se « taper ».

— Qu'est-ce qui s'est passé ?
— C'est lui qu'a commencé, attaque Renaud.
— C'est pas vrai, m'dame, c'est lui.
— Bon, et bien apparemment, cela ne va pas être facile. Alors, comme vous avez tous les deux le droit de vous expliquer, nous allons le faire à tour de rôle. Et en disant la vérité, hein ! Vous savez que j'ai horreur des mensonges. Donne-nous ta version, Thomas.
— J'vous jure m'dame que j'ai pas commencé. J'voulais pas m'battre, mais y m'a traité !
— Espèce de menteur, s'énerve Renaud.
— Stop, Renaud ! Carton jaune. La règle c'est : chacun a le droit de parler, mais chacun parle à son tour. Donc, tu laisses parler Thomas. Après, ce sera à toi. Continue, Thomas !
— Ben voilà, j'aime pas qu'on m'traite, alors j'lui ai donné une claque, mais pas fort, juste comme ça.

Il joint le geste à la parole, mais sans toucher Renaud. Ouf, il ne manquerait plus qu'ils recommencent au milieu du bureau.
— Il t'a traité de quoi ?
— De sale voleur. J'suis pas un voleur. D'abord, j'lui ai jamais rien piqué à lui.

Je ne relève pas le « à lui » qui me remet en mémoire l'information transmise par le principal de son précédent établissement, où il s'était rendu coupable de larcins répétés.
— A toi, Renaud, nous t'écoutons.
— Ben alors, si c'est vrai qu't'es pas un voleur, pourquoi qu'tu voulais pas m'le rendre mon paquet de treets ?

Thomas répond que ce n'était pas vraiment pour de bon. A son tour, je lui rappelle la règle et invite Renaud à poursuivre son récit :
— On était autour du distributeur, avec mes copains — vous savez, m'dame, vous pourrez lui d'mander à Alexandre, si j'dis pas la vérité — et quand mon paquet de treets est tombé, Thomas m'a poussé et il l'a pris. J'lui ai d'mandé d'me l'rendre, mais il a rigolé. Alors, j'ai tendu la main, mais c'était pas vraiment pour le taper, juste pour reprendre mon paquet.

Et Thomas de rétorquer aussitôt :
— Ben alors, si moi j'suis un voleur, toi, t'es un beau menteur.

En dépit du contenu, le dialogue semble en voie de rétablissement. Je sens que l'agressivité réelle est tombée. Il est temps de conclure, au moins provisoirement, afin qu'ils n'arrivent pas en cours avec trop de retard :

— Je ne sais pas s'il y a un voleur et un menteur, mais, en tout cas, il y a deux bagarreurs qui méritent une punition. Pour le moment, vous allez me promettre de ne plus recommencer et retourner en cours. Je vous reverrai demain.

La promesse est prononcée solennellement. Elle apporte le soulagement du dénouement mais l'inquiétude demeure, surtout pour Renaud, déjà en sursis.

— M'dame, on va être renvoyés ?

Je ne veux pas répondre. J'ai besoin d'un temps de réflexion, d'avoir le point de vue des surveillants et surtout, d'en référer au principal qui est absent aujourd'hui. En ce qui me concerne, je ne suis pas favorable à l'exclusion, même si, dans un tel cas, la punition doit sanctionner la transgression d'un interdit aux yeux de la collectivité. Peut-être une tâche exemplaire à réaliser ensemble sous les yeux de tous ?

— Je ne sais pas encore, nous verrons cela demain.

Ont-ils perçu mon souci d'équité ou tentent-ils, avec un art consommé de la diplomatie, d'atténuer par avance, la punition à venir ?

— Au r'voir m'dame ! me disent-ils en chœur, avec un grand sourire, comme si rien ne s'était passé.

C'est le côté attachant du travail avec l'enfant que de recevoir ce mélange subtil de gentillesse, de confiance et de générosité. Même quand elle se double d'un petit calcul, cette gentillesse n'est jamais hypocrite.

Rien à voir avec la fierté des adolescents qui, dans un tel cas, partent sans mot dire ou en vous adressant un « au revoir » des plus polis, immédiatement suivi d'un « très bonne journée » au ton ironique.

Quand je reverrai Thomas et Renaud demain dans la cour, ils me gratifieront avec sincérité du même « B'jour m'dame » que je regrette souvent de ne plus entendre. Et, sans doute, leur punition fut-elle bien calibrée puisqu'on me rapporta qu'ils étaient devenus inséparables dans les jours qui suivirent.

La plupart des élèves du collège Prévert sont issus d'un milieu social défavorisé. Les exceptions sont rares. Le chômage a fait des ravages dans cette région où les usines qui tournent encore se comptent sur les doigts de la main. Le père de Renaud travaille dans une de celles-là.

Renaud a douze ans. Avec une sœur plus âgée, ils sont les deux seuls enfants de couleur du collège. Ce qu'il vit très mal. Adorable, quand il le décide, il sait se montrer détestable lorsque quelque chose ne lui convient pas. Il est intelligent mais ne travaille pas beaucoup. Je serai amenée à rencontrer ses parents à plusieurs reprises.

Ils m'exprimeront la vive jalousie qu'il éprouve vis-à-vis de deux enfants en bas âge et de peau blanche, qui ont été placés par la DDASS dans la famille. Au prix de nombreux entretiens et de quelques privations de match de football (son rêve est de devenir footballeur professionnel), il sera possible de le maintenir dans un comportement acceptable et d'éviter une débâcle scolaire. Quelle ne sera pas ma surprise et ma joie de le retrouver sept ans plus tard en première année de classe préparatoire aux écoles d'ingénieurs !

Thomas, pour sa part, vient d'arriver au collège. Il est issu d'une famille de « Gens du voyage ». Il a quinze ans mais son niveau est tel que le principal décide de l'affecter dans une classe de sixième. Heureusement pour lui, physiquement, il en paraît plutôt treize. Il ne sait pas lire, n'a pas d'autre ambition que de faire de la vannerie, comme sa mère et ses oncles et ne comprend pas bien à quoi l'école peut lui servir.

Très vite, il se rend insupportable aux enseignants qui prennent l'habitude de l'exclure de leurs cours. Malgré tous mes efforts et intercessions pour aider à son intégration, je garderai le souvenir douloureux d'un échec du système à apporter une réponse à une telle situation. Un matin, il ne parut pas au collège. Les roulottes étaient reparties. Il m'arrive souvent de repenser à lui.

La sonnerie retentit. Les cris fusent de partout dans un éparpillement de moineaux. Dans dix minutes, le collège abandonné s'assoupira jusqu'au lendemain matin, à peine troublé par quelques déambulations d'adultes.

Comme prévu, Isabelle vient me rejoindre pour parler de la semaine de ski. Depuis plusieurs années déjà, les profs d'EPS (éducation physique et sportive), organisent une sortie à la neige avec les deux classes de troisième. C'est l'occasion, pour un certain nombre d'élèves, de pratiquer un sport qu'ils ne connaissent pas. Pour tous, de découvrir la vie en collectivité.

Compte tenu du faible niveau de revenu des familles, il faut se procurer un financement afin qu'aucun élève ne soit privé de cette semaine. Avec quelques parents volontaires, Isabelle et ses deux collègues d'EPS, Eric et Dominique, ont pris l'habitude d'organiser une série de petites manifestations dans ce but : un tournoi de handball en novembre suivi d'une vente de chocolats et de cartes de vœux en décembre. Christiane, la secrétaire, qui est aussi responsable de la coopérative, gère les fonds recueillis.

Cette année, le principal a décidé de supprimer la coopérative et de créer un foyer socio-éducatif. C'est une pratique habituelle dans de nombreux établissements. En s'appuyant sur une association loi 1901, la formule présente l'avantage d'une plus grande souplesse et d'une plus grande transparence.

— Vous comprenez, me dit-elle, j'en ai marre que ma secrétaire passe son temps dans les comptes. Ce n'est pas son boulot. Et puis, il faut que les élèves apprennent à gérer eux-mêmes leur budget.

Ne retenant que la dernière phrase, j'acquiesce en suggérant, en plus, d'installer un distributeur de boissons. Les élèves l'avaient souhaité. J'avais déjà pris une telle initiative au LEP St Exupéry, avec Jean, et je savais quelles ressources utiles pouvaient se trouver ainsi générées.

— C'est supeeer ! s'écrie madame Thénardet, dans un de ses emportements lyriques dont elle a le secret et auxquels j'ai fini par m'habituer. Et d'ajouter :

— Je serai présidente et vous serez trésorière !

L'idée ne m'enchante pas. Outre le fait que je n'ai jamais vraiment été passionnée par les chiffres, je redoute une nouvelle charge qui risque de me prendre beaucoup de temps au détriment d'activités que je juge plus essentielles.

Comme dans beaucoup de petits collèges, l'équipe d'encadrement est réduite. Il n'y a pas d'adjoint. Je suis la seule CPE. Et puisque madame Thénardet, très impliquée dans des interventions de formation, se trouve souvent à l'extérieur de l'établissement, je vois progressivement, et par la force des choses, se multiplier les tâches qui m'incombent au quotidien. Aussi, ne suis-je pas très chaude pour en augmenter le poids.

— Mais si, mais si, ça ira. Je vous aiderai. Et puis, vous n'aurez qu'à déléguer aux élèves !

Il est des situations où la nécessité collective l'emporte sur les envies personnelles. J'avais autour de moi tant d'exemples de « bonnes volontés » qui s'impliquaient sans compter dans la vie du collège ! Comment refuser ?

Finalement, j'acceptai. J'aurais dû dire « Non ».

L'organisation de la semaine de ski est lourde à monter. La grande originalité de cette activité qui fait partie du projet d'établissement est qu'il ne fera perdre aucune heure de cours aux élèves. Madame Thénardet a dû batailler ferme pour obtenir un budget annexe permettant de rémunérer des heures supplémentaires. Encore faut-il aménager les changements et remplacements, qui de proche en proche, vont m'obliger à reprendre l'ensemble des emplois du temps de toutes les classes. Tous ceux qui se sont, un jour, attelés à ce genre d'exercice, pourront vous dire le bonheur d'arriver au bout.

Mais qu'importent les heures passées (si ce n'est pour Xavier qui trouve que je rentre décidément de plus en plus tard), l'implication de tous est formidable. Chacun s'efforce de donner le meilleur de lui-même.

J'en veux pour preuve la réalisation des « journées blanches », autre innovation du projet d'établissement qui consiste à consacrer une journée par trimestre à des activités culturelles. Encadrée par des professeurs volontaires, la journée concerne toutes les classes du collège.

Cette fois-ci, les élèves de troisième visitent les sections d'art moderne du musée réputé de D..., durant la matinée. Après un repas tiré du sac, ils iront voir un film anglais en V.O. dans un cinéma d'art et essai.

Les élèves de quatrième, eux, se rendent à Paris, en bus, pour visiter la cité de la Villette, à l'initiative de deux professeurs qui se sont débrouillés pour boucler leur budget afin d'emmener tout le monde.

Dans les classes de cinquième et de sixième, en alternance avec un groupe de musiciens africains, un griot passe de salle en salle pour entraîner son auditoire dans l'univers magique du conte.

Avec les professeurs qui les entourent, j'assiste aux réactions d'émerveillement provoquées par l'enchantement des mots et des instruments. Pas de doute, ils sont en train de faire une autre découverte que celle proposée, chaque soir, par les télés familiales.

Peut-être parce que je les observe plus attentivement que les autres, je remarque Renaud et Bertrand.

Visiblement, Renaud vit ce moment avec une extraordinaire intensité. Par contraste avec l'agitation incessante au moyen de laquelle il exprime son mal-être, à cause de sa couleur qui tranche sur celle de ses camarades, je le découvre absolument immobile, totalement concentré, comme fasciné par les mots et les mimiques expressives du conteur. Je ne sais quel voyage intérieur il est en train d'accomplir. Peut-être est-il en train de renouer avec les racines lointaines de ses ancêtres africains et de retrouver, auprès d'eux, la fierté et la noblesse de ses origines ?

A côté de lui, Bertrand est assis par terre. Au son du djembé, il bat le rythme avec une telle concentration qu'il en oublie de cacher, contrairement à son habitude, ses deux mains à nouveau recouvertes d'eczéma.

Bertrand redouble sa sixième. Son comportement caractériel dépasse la limite de mes compétences. Il y a deux semaines, il a cassé le nez de son voisin qui refusait de lui prêter sa gomme. Ses parents, que j'ai rencontrés, très occupés par la création d'une entreprise de peinture en bâtiment, se trouvent démunis devant ses accès de violence régulièrement suivis d'une poussée d'eczéma. Au cours de notre échange, ils m'ont aussi appris qu'ils venaient de recueillir deux petits neveux, âgés respectivement de deux et quatre ans, à la suite du décès de leurs parents dans un accident de voiture.

A l'évidence, Bertrand et sa famille ont besoin d'une prise en charge particulière. Françoise, l'assistante sociale, vient au collège un après-midi par semaine. Elle va m'aider à les persuader de se rendre en consultation au centre médico-psycho-pédagogique de la ville voisine.

Comme la plupart de ses collègues, Françoise est nommée sur plusieurs établissements, assez éloignés l'un de l'autre, quand il s'agit de collèges de campagne. Nous communiquons presque tous les jours par téléphone. Elle m'apporte une écoute et une disponibilité qui me sont très précieuses. Les absences répétées du principal me laissent assez seule et je ne peux évidemment pas tout partager avec tout le monde. J'ai confiance dans sa discrétion, dans ses analyses et la valeur de son jugement.

C'est la première fois que je rencontre une personne qui, en plus de toutes ces qualités, connaît les exigences de la vie collective et sait intégrer les contraintes du règlement intérieur à ses décisions. Est-ce une question de « génération » ? Je rencontrerai la même ouverture chez une de ses collègues exerçant dans mon établissement suivant. Le travail d'équipe en est facilité et permet aux problèmes de trouver rapidement des réponses adaptées.

Au fil de l'année, ma collaboration avec les surveillants s'approfondit. Une panne de voiture nous a donné l'habitude de partager, une fois ou deux par semaine, les déplacements entre le collège et la ville de D... où nous demeurons tous. Ils sont trois à se répartir les deux présences conjointes à assurer chaque jour de la semaine.

Nos journées sont tellement chargées que nous n'avons guère l'occasion de nous y rencontrer autrement qu'autour d'un cas à traiter ou d'une urgence à régler. Les trajets que nous partageons sont l'occasion d'approfondir notre relation et d'apprendre à mieux nous connaître. Quoique de natures très différentes, Gilles, le calme, Mélanie la douce et Sandrine, l'énergique s'entendent à merveille et forment un trio de choc. J'ai beaucoup de chance de pouvoir m'appuyer sur eux et ils savent qu'ils peuvent compter sur moi.

Bien sûr, la conversation revient souvent sur ce qui se passe au collège. Aujourd'hui, c'est Souad qui fait l'événement, en même temps que l'admiration de tous.

Souad est déjà une petite jeune fille quand elle arrive au collège bien après la rentrée, au mois de novembre. Son père qui a trouvé du travail dans la région a réussi à faire venir sa famille de Turquie. Je me souviens l'avoir accueillie. Sa mère, coiffée d'un tchador, l'accompagnait. Ni l'une ni l'autre ne parlait un mot de français.

Comme sa venue avait été annoncée depuis quelques semaines, nous avions eu le temps d'y réfléchir. Il avait été décidé qu'elle serait intégrée dans une classe de sixième, en dépit de ses treize ans et de sa taille d'adolescente. Mais, en accord avec son professeur de français qui nous avait fourni cassettes et magnétophone, la documentaliste et moi, lui donnerions des cours particuliers, à raison de trois heures par semaine, chacune.

Il arrive dans nos métiers que nous assistions à de vrais « miracles ». Ce qui s'est passé durant l'année pour Souad fut magique et restera un de mes grands bonheurs.

Dès le lendemain de son arrivée, elle avait troqué son uniforme de collège turc, gris et sévère, contre un pull coloré et un jean. A la récréation, elle épatait les surveillants qui se réjouissaient de la voir courir, sauter à la corde ou jouer à la balle avec de petites camarades. Souriante, détendue, elle faisait plaisir à voir et ne semblait pas le moins du monde gênée par la langue. L'aisance semblait d'ailleurs réciproque. Je me souviens l'avoir surprise, en traversant la cour, au milieu d'un petit groupe de pipelettes en plein conciliabule.

A la fin de l'année, Souad s'exprime très correctement en français et passera vaillament en cinquième. Je suppose qu'elle poursuit, aujourd'hui, de brillantes études.

Parmi mes nombreuses activités, j'animai également cette année-là, un club vidéo réunissant douze élèves de quatrième et troisième. Leur production mérite d'être citée puisqu'elle obtint un classement honorable de quarante huitième sur cent soixante dix concurrents, au festival national du court-métrage « Scoop en Stock », de Poitiers.

Par ailleurs, deux distributeurs avaient finalement été installés. Un de boissons et un autre de confiseries. Chaque semaine, les élèves, trésoriers-adjoints, venaient dans mon bureau, mettre en rouleaux l'argent des machines que je relevais tous les jours et que j'entreposais dans un tiroir, faute de coffre. Ils reportaient ensuite très scrupuleusement le total sur le cahier prévu à cet effet. En fonction du temps dont je disposais, je me rendais à la banque le jour même ou le lendemain.

En plus des distributeurs, je recueillais l'argent des voyages, des carnets de liaison, des photos de classe, de la machine à café des professeurs, et même d'une tombola qui venait d'être lancée. Bref, il m'arrivait de me demander si je n'étais pas devenue croupier ou guichetière. Cette activité contraignante ne m'intéressant guère, je ne faisais pas toujours les arrêtés de compte aussi souvent qu'il aurait fallu.

Heureusement pour moi, la vie d'un petit collège de campagne est pleine de compensations. A chaque fois, je fonds littéralement devant les petites attentions qui émaillent le quotidien : les dragées qu'on ne manque pas de me faire parvenir à l'occasion d'un baptême ou la boîte de chocolats avec un si joli nœud, aux alentours de Noël, les photos du dernier-né qui ressemble tellement à son grand-père et qu'on ne manquera pas de m'amener dans son landau afin que je puisse juger sur pièce.

Oui, je sais bien... mais, que voulez-vous, c'est mon côté fleur bleue. Et puis, cela me rappelle si délicieusement les œufs frais que ma mère me donnait à porter à mon institutrice, pour la remercier de me faire si bien travailler.

C'est à l'occasion justement d'une naissance que je faillis rater un sérieux problème si Eric ne m'avait pas alertée.

C'est la récréation. Comme à l'accoutumée, mon bureau ne désemplit pas. Flanquée de ses deux inséparables copines, Laura se fraie un chemin et me tend les photos d'un bébé :

— Vous avez vu, m'dame, comme elle est belle ma petite sœur ?

Je félicite. A mes yeux, tous les bébés sont beaux, mais il est vrai que celui-ci est absolument superbe.

— Si vous voulez, je vous apporterai d'autres photos. Mon papa en fait beaucoup. Et puis, je m'en occupe. C'est moi qui la change et qui lui donne à boire. Ma maman ne peut pas la nourrir. Et puis, quand elle pleure, je la prends dans mes bras et elle ne dit plus rien...

Je n'attachai pas une importance particulière à ce que je venais d'entendre. J'avais devant moi une grande sœur qui était ravie et qui voulait me faire partager sa joie. Les élèves quittèrent le bureau dès la sonnerie. Je sortis derrière eux afin d'aider les surveillants à assurer leur retour dans les salles de cours. Après en avoir beaucoup discuté, nous avions aboli la mise en rang dans la cour. Les élèves regagnaient les étages par deux escaliers, les surveillants se contentant d'assurer la sécurité. Les professeurs avaient joué le jeu et tout se passait aussi naturellement que possible.

Quelques jours plus tard, alors que j'étais en train de préparer le compte rendu de la journée de formation des délégués qui s'était déroulée la veille avec trois enseignants, Eric pointe sa tête par l'entrebâillement de la porte :

— Tu as deux minutes, Marie ?
— Bien sûr, entre.

En plus de sa charge d'enseignement en EPS, Eric est le professeur principal de la sixième B. Je le connais bien. Il ne manque pas de me faire un petit salut en passant quand il ne vient pas me parler d'un élève. Il prend sa fonction très à cœur et j'apprécie de travailler avec lui. Aujourd'hui, il semble préoccupé :

— Tu as vu Laura ces jours-ci ?

— Oui, elle est venue il y a quelques jours pour me montrer les photos de sa petite sœur qui vient de naître. Elle avait l'air ravie !

— Hum, les photos ont aussi fait le tour de la classe et des professeurs. Le problème est qu'elle ne travaille plus du tout. Je ne sais pas s'il y a un lien de cause à effet, mais si elle continue comme cela, elle court à la catastrophe. Elle a déjà un an de retard et risque un redoublement qui ne lui apportera pas grand chose. Je crois que ce serait utile de rencontrer ses parents assez rapidement pour essayer de la récupérer avant la fin du trimestre, qu'en penses-tu ?

Dans ces cas-là, je ne pense pas. Je téléphone.

Quelques jours plus tard, nous accueillerons ensemble une maman assez désorientée par l'investissement réellement excessif que Laura porte à l'enfant, avec une trouble complicité du père. La situation se révélant suffisamment sérieuse, nous alerterons Françoise qui, après enquête, décidera d'un signalement judiciaire.

En parallèle avec un énorme effort d'information, de concertation et de remédiation mené en équipe, le projet d'établissement du collège comporte enfin une expérimentation tout à fait innovante en matière d'orientation.

Inspiré d'une démarche canadienne, l'ADVP a pour objectif d'amener l'élève à faire un véritable choix professionnel. On sait bien qu'en fin de troisième, peu de collégiens ont une idée précise du genre de métier qu'ils voudront exercer plus tard. Partant de l'idée qu'on travaille mieux quand on sait pourquoi, la méthode vise à faire émerger des centres d'intérêts qui fonctionneront comme des pôles d'attraction.

Une première équipe expérimentale, composée de quatre enseignants et d'une conseillère d'orientation avait été constituée l'année précédente. Elle fonctionnait avec une seule classe, à titre d'essai. Comme le projet réclamait un suivi durant les quatre ans qui séparent la sixième à la troisième, il n'était pas question de s'engager à la légère !

Forte de cette première expérience, le principal avait décidé de généraliser le processus et de l'étendre aux cinq classes de sixième attendues à la prochaine rentrée. Dans l'immédiat, il y avait nécessité de s'y préparer en réunissant et formant une équipe de volontaires, suffisamment étoffée.

C'est ainsi que nous nous étions retrouvés, ce matin là, une vingtaine, réunis autour de deux formateurs : outre les enseignants du collège et les conseillers d'orientation, Mélanie, la surveillante, le principal et moi-même.

A ma grande surprise, c'est une majorité d'anciens qui se sont portés volontaires. Je m'en réjouis et m'en inquiète : comment vont-ils pouvoir passer du rôle de professeur — celui qui sait, qui parle et qu'on écoute — à celui d'animateur — celui qui écoute, qui sait se taire et encourager — ?

Comme il est habituel, pour lancer la séance en impliquant chacun, les formateurs nous demandent d'exprimer nos attentes.

— Et bien, moi, j'avoue que j'ai encore les pieds sur le paillasson, et je ne sais pas si je vais franchir la porte.

C'est Brigitte, ma voisine, qui vient de s'exprimer. Professeur de biologie et de maths, elle a quitté la blouse blanche qu'elle revêt habituellement par-dessus un tailleur classique. La cinquantaine, elle inspire une certaine crainte chez les élèves. Sa grande implication durant cette formation, me la fera découvrir comme une femme chaleureuse, profondément humaine, et pleine d'humour.

Sa réflexion, sûrement la plus franche et la plus spontanée de l'assemblée réunie, permet de lancer notre travail.

Je ne sais pas où en sont les autres, mais pour ma part, j'avoue que « l'Activation du Développement Vocationnel et Personnel » de l'élève, me laisse perplexe. A cause de sa durée surtout. Un projet mené sur quatre ans suppose des équipes solides, si possible qui ne changent pas, des disponibilités dans les emplois du temps et la reconduction des budgets alloués. Pour en avoir une réelle expérience, je connais aussi les difficultés d'une animation conjointe dont le principe est proposé. Il faudra résister au temps qui passe et on n'a pas le droit d'engager des élèves dans une telle aventure si on n'est pas sûr de les accompagner jusqu'au bout.

Au cours de cette formation, nous abordons l'ADVP sous tous ses aspects et nous nous familiarisons avec ses méthodes, en les appliquant d'abord à nous-mêmes. C'est l'occasion pour tous les participants d'apprendre à mieux se connaître et pour certains, de découvrir le travail de groupe. La plupart sont de bonne volonté, mais mon doute sur leurs capacités à animer persiste. Les années de formation que je viens de consacrer, à titre personnel, à la dynamique de groupe et au tutorat individuel, m'ont appris qu'on ne s'improvise pas impunément spécialiste du domaine. Et puis, il y a les enfants qui ne sont pas du matériel d'entraînement.

Mais je ne veux pas jouer les rabat-joie. De toute façon, le projet est lancé et je me vois mal faire revenir madame Thénardet sur sa décision. C'est une fonceuse et elle est réputée pour ne guère tolérer d'autre avis que le sien. J'espère simplement que nos formateurs savent ce qu'ils font et sauront nous accompagner sur la distance.

Pour ma part, je décide de faire de mon mieux, en équipe avec Isabelle. Nous avons presque le même âge. Si nous sommes différentes au point de vue physique (Isabelle est grande et sportive confirmée), nos approches psychologiques et pédagogiques sont sensiblement les mêmes. Nous le découvrons très vite et nous nous engageons à co-animer dans la classe de sixième dont elle sera le professeur principal.

Dans l'ensemble, le collège fonctionne bien. Madame Thénardet n'y est guère, mais elle a introduit un grand projet qu'il me revient de mettre en musique.

Aimant l'action, surtout quand elle est novatrice, je me trouve très à l'aise dans ce rôle qui, bien que lourd à porter, est, somme toute, très gratifiant.

Les enseignants et les parents ont pris l'habitude de s'adresser directement à moi. Je m'efforce d'en référer chaque fois que nécessaire au principal, mais il arrive souvent que l'urgence m'oblige à décider sur le champ, ne l'informant qu'après coup.

Toute à mon affaire, je ne me rends pas compte qu'elle en a pris progressivement ombrage...

Jusqu'au jour où elle finit par péter les plombs !

L'an neuf

L'envers du décor

Ce lundi matin, j'ai choisi de faire le trajet avec Mélanie et Marie-Pierre (une nouvelle surveillante qui remplace Gilles, muté à D...). Je viens d'être absente une semaine et la mise à jour que nous permettra le voyage devrait me faciliter une reprise immédiate dès mon arrivée.

Depuis quelques années, je suis régulièrement sollicitée par une grande école pour animer un séminaire sur la dynamique de groupe et la conduite de réunion. Pour que mon absence ne soit pas préjudiciable au collège, j'avais convenu avec madame Thénardet de me faire remplacer par Sandrine en qui je mettais toute ma confiance. Pour la remplacer à son tour, ses deux collègues avaient accepté une surcharge en heures supplémentaires afin que le service soit assuré normalement toute la semaine.

— La formation, c'est supeeer ! Ne vous inquiétez pas et partez tranquille, m'assura madame Thénardet, qui ajouta, en regardant son agenda :
— Cela tombe bien, je n'ai qu'une journée au rectorat, cette semaine-là.

En lui remettant l'imprimé de demande « d'autorisation d'absence » que j'avais rempli, je lui précise :
— Si vous en êtes d'accord, je pense qu'il serait souhaitable que Sandrine s'installe dans mon bureau afin de ne pas perturber les habitudes des élèves !
— Oui, oui. Naturellement ! C'est supeeer !, me répondit-elle.

Aussi, quelle ne fut pas ma surprise de découvrir ce que me rapporta Mélanie auprès de laquelle je m'enquérais du déroulement de la semaine.
— Rassurez-vous, tout s'est bien passé. Un peu long, quand même. Vous savez, nous ne sommes pas habituées à travailler tous les jours ! ajouta-t-elle en éclatant de rire, sauf que...
— Sauf que, quoi ?
— Sauf que Sandrine s'est fait méchamment allumer par la Thénardette. Elle s'est fait jeter de votre bureau quand elle l'a trouvée là !

Sans relever le diminutif, je me contentai de répondre, avant de passer à autre chose :
— Ah bon ? Ce n'est pas ce qui avait été convenu. Je verrai cela avec le principal.

Mais la relation de l'incident me plongeait dans une grande perplexité. Je ne comprenais pas ce qui s'était passé. J'aime que les choses soient carrées, dans ma vie comme dans mon travail et il me semblait que tout avait été clairement défini.

Connaissant Sandrine, j'étais certaine qu'elle avait été très affectée par une réprimande aussi injustifiée et je m'en sentais responsable. Ma conception de mon rôle hiérarchique envers les surveillants a toujours été empreinte d'une sorte de contrat implicite : la loyauté et l'implication d'un subordonné, en un mot la confiance qu'on peut lui faire, suppose en contrepartie qu'il se sache soutenu quand il est dans son droit ou se trouve confronté à une injustice flagrante.

Aussi, dès mon arrivée et après avoir téléphoné à Sandrine qui me confirme l'anicroche, je décide de tirer l'affaire au clair et me présente au bureau de madame Thénardet que je viens de toute façon saluer et informer de mon retour.

Elle me reçoit immédiatement et sans protocole, comme à son habitude.

— Asseyez-vous, me dit-elle, en continuant d'ouvrir le courrier, tâche qu'elle ne confie jamais à sa secrétaire.

— Vous comprenez, des fois qu'elle me cache quelque chose !

Je ne suis pas très à l'aise. J'ai toujours du mal à me situer devant ce genre de réflexions qu'elle sème à tout vent et sa manière, comme elle aime à le répéter, de « dire tout le reste après qu'on lui ait dit bonjour ».

— Votre semaine s'est bien passée ? C'est supeeer, hein ! Moi, j'interviens bientôt dans celle des délégués. J'en suis ravie. Bon, vous savez, tout s'est bien déroulé, mais moi, j'ai des problèmes avec Mesnard. Il est tout le temps saoul, même pendant ses cours. Il faudrait que j'arrive à obtenir qu'ils lui fassent un alcootest pour m'en débarrasser. Vous êtes d'accord, hein ?

Sautant sur l'occasion, avant qu'elle ne reprenne la parole et aborde un autre sujet, j'introduis sans trop de ménagement l'objet de ma préoccupation.

— Je ne comprends pas ce qui s'est passé pour Sandrine ...

A ces mots, elle perd son sourire, se redresse comme un ressort sur son fauteuil et, me toisant de haut, par-dessus ses Ray-Ban qui ont glissé sur le bout de son nez :

— Quoi ? Qu'est-ce qu'il y a avec cette Sandrine ?

Décidée à aller au fond de l'histoire, je m'efforce de poursuivre le plus calmement possible :

— Elle semble très marquée par une réflexion que vous lui avez faite, lundi dernier. Cela concerne son installation dans mon bureau. Je ne comprends pas non plus. Il me semble que nous étions bien d'accord sur les conditions et l'organisation de mon remplacement.

Pour une fois, elle ne répond rien. Me fixant d'un regard dur, elle laisse passer quelques secondes avant d'énoncer, en articulant bien :

— Madame Tisserand, je trouve que depuis quelque temps, vous exercez un contre-pouvoir. Stupéfaite et complètement abasourdie, j'en avale ma salive pour ne pas m'étrangler. Je ne trouve plus mes mots et réponds mécaniquement :
— Je ne vois pas à quoi vous faites allusion.
— Et bien, je vais vous le dire, moi !
Et de me jeter à la face une longue liste de griefs d'où il ressortait que je m'étais accaparée les rendez-vous avec les parents, que je sapais son autorité auprès des élèves, que je faisais de la rétention d'information, pour terminer par un argument décisif ...
— Et puis, il y a toujours des profs dans votre bureau. Je sais bien que vous complotez. Surtout avec Isabelle.
Nous y voilà ! Je commence à comprendre et la moutarde à me monter au nez, devant un tel fatras de reproches.
— Il faut être clair. Je m'occupe de tous les élèves puisque je suis la seule CPE et j'ai d'autres chats à fouetter que de m'occuper de votre autorité auprès d'eux. J'assure avec les professeurs, en particulier les professeurs principaux, le suivi des classes de sixième et de quatrième. Je vous rappelle que c'est vous qui m'avez demandé de présider les conseils de classes pour ces deux niveaux. Pour ce qui concerne Isabelle Parrot, elle est professeur principal en sixième A. Depuis la rentrée, nous animons ensemble l'ADVP dans cette même classe. Cela demande du temps de préparation, non ? Enfin,

au sujet des parents, c'est bien la première fois dans ma carrière de CPE que je m'entends reprocher de vouloir travailler avec eux.

J'en suis rouge d'indignation. Comme à chaque fois dans ces cas-là, madame Thénardet ne répond pas et dévie sur autre chose. En l'occurrence, elle commence à critiquer la pédagogie d'Isabelle.

N'ayant pas l'intention d'en entendre davantage à ce sujet, je me lève en exprimant le regret de ne pas avoir obtenu d'éclaircissement au sujet de Sandrine. Elle m'affirme à la fois qu'elle n'a jamais reproché à la surveillante d'avoir occupé mon bureau et qu'elle avait juste « oublié ». Nous nous quittons fâchées.

Complètement bouleversée par le tour pris par l'entretien et le cœur gros, je dirige mes pas vers le « nouveau bâtiment » où se trouve la salle des profs. Isabelle qui vient d'arriver est en train de préparer le café. Elle m'en propose un que j'accepte volontiers. En deux mots, je lui fais un résumé de mon entrevue. Je ne connais pas ses sentiments envers madame Thénardet. Malgré le courant de sympathie qui nous rapproche et notre collaboration dans l'animation de l'ADVP, aucune de nous deux ne s'est jamais laissée aller à la confidence. Mais j'ai besoin de parler de ce qui vient de se passer.

Ce que j'évoque ne semble pas surprendre Isabelle qui me relate, à son tour, un étonnant volte face auquel elle vient d'assister.

Ayant attiré l'attention du principal sur un problème de nettoyage concernant le gymnase, elle avait eu droit à une longue tirade sur le manque d'organisation des agents, leur paresse congénitale et leurs horaires fantaisistes. Tout cela avant d'aboutir à la décision d'une réunion pour régler le problème et à laquelle, elle se devrait naturellement de participer.

Quelle ne fut sa surprise à la dite réunion d'avoir à supporter un tout nouveau monologue de madame Thénardet, encore plus virulent, et rejetant la faute sur les profs qui n'avaient qu'à mieux surveiller leurs élèves.

— Tu vois, en EPS, j'exagère un peu, mais pas tant que cela... Il faudrait empêcher les élèves de bouger. Ca fait de la poussière dans le gymnase.

Sa conclusion m'arrache un sourire. Son amitié me réchauffe le cœur.

Dans les semaines qui suivent, je prends soin de me tenir à distance du bureau de la direction et de tout ce qui pourrait risquer d'apparaître comme une provocation.

Xavier m'aide à prendre du recul sur la situation. Il m'encourage à essayer de « dissocier ce qu'il décrit comme une crise de jalousie exacerbée à remettre dans la perspective d'un fonctionnement hystérique et mon implication quotidienne que l'existence de ma mission suffit amplement à justifier en soi » (sic). Les psychanalystes ne sont pas toujours faciles à comprendre. Mais le regard amoureux de celui-là m'apporte encore plus que son insistance à me convaincre de mon « droit d'exister » en dehors de ma hiérarchie.

Au collège, j'ai l'impression d'assister à une lente et irrésistible détérioration. Est-ce mon œil plus aiguisé qui m'apporte ce sentiment ou suis-je en train d'assister, comme dit Xavier, au saccage par madame Thénardet elle-même, des beaux projets qu'elle a lancés en raison de sa « volonté convulsive » de tout reprendre en mains ?

Toujours est-il qu'elle multiplie les réactions autoritaires envers les enseignants et les médisances sur chacun, dans l'espoir peut-être de mieux diviser pour régner. C'est ainsi que j'apprendrai de la bouche d'Isabelle qu'elle lui a souhaité « beaucoup de courage » pour co-animer avec moi. Le mépris qu'elle affiche publiquement pour « le look ringard » de la documentaliste me fait de la peine pour cette femme dont je connais les qualités de générosité et d'intelligence.

Au cours d'un trajet en compagnie de Mélanie, je vois s'effondrer d'autres pierres de l'édifice.

Mélanie s'implique tellement dans l'établissement qu'elle s'est naturellement portée volontaire pour l'ADVP. Depuis la rentrée, elle fait équipe avec René et Sébastien.

Professeur de technologie et plutôt réputé pour avoir les deux pieds dans le même sabot que pour sa vivacité intellectuelle, René fait partie des anciens. Son côté caméléon et sa façon de ramper devant la hiérarchie me le rendent antipathique. Je n'aurais pour rien au monde accepté de co-animer avec lui.

A l'opposé, Sébastien, tout frais sorti du CAPES de maths et qui pourrait être son fils, est encore tout rempli de la spontanéité et de l'impulsivité de sa jeunesse.

— Il faut que je vous dise, madame Tisserand, je ne peux plus continuer à animer avec eux. Je crois que je vais démissionner. Pour moi, ce n'est pas cela, l'ADVP, me confie-t-elle, d'un air franchement désolé.

La suite de la discussion me révéla qu'usant de son âge, René régentait l'équipe, décidant du contenu des séances au grand dam de Sébastien qui faisait tout pour y résister. En plus de cela, il trahissait sans aucun respect pour les élèves, une règle d'absolue discrétion prévue par le dispositif et qui concernait le traitement dit « cognitif ». A la fin de chaque séance d'ADVP, ceux qui le souhaitaient, pouvaient noter leurs impressions d'ensemble sur un cahier qui devait rester strictement personnel. Révoltée par le procédé qui allait à l'encontre de tout l'esprit de la démarche, Mélanie ne savait plus quoi faire.

Je crus bon de lui suggérer d'en parler avec l'un des formateurs qui continuait à assurer le suivi de l'expérience. Mal m'en prit. Contre toute attente, celui-ci en référa à madame Thénardet qui convoqua aussitôt le trinôme incriminé.

Sébastien sortit complètement déconfit de cet entretien et se révéla incapable de retourner finir le cours qu'il avait dû interrompre, pour répondre sur le champ à la convocation du principal. Devant son désarroi et sachant que Sandrine gardait ses élèves, je lui proposai de rester quelques instants dans mon bureau.

Ce qu'il me relate, alors, dépasse les limites de l'entendement. Il s'est fait qualifié d'empêcheur de tourner en rond, de jeune prétentieux qui croit tout savoir, d'instable et même de menteur. Madame Thénardet ne lui a pas permis de s'expliquer. Elle l'a exclu d'autorité de l'ADVP. Il ne comprend pas la raison d'un tel débordement de haine.

Quelques instants plus tard, Mélanie, écœurée, arrive à son tour. On ne lui a pas demandé son avis, mais, elle est intelligente, elle ! Elle se rend bien compte que Sébastien est un mauvais professeur, (les enfants l'adorent), un jeune inconscient sans aucune pédagogie, avec un look d'adolescent (c'est vrai qu'il n'est pas du genre « Derby », ni velours côtelé). Bref, la décision d'exclure Sébastien est nécessaire pour le bien de la communauté. En revanche, « elle », elle va continuer à animer avec René !

N'osant s'opposer au principal, Mélanie continuera à « seconder » René. Mais elle le fera à son corps défendant, déçue et amère, avec le sentiment d'être tombée dans un redoutable piège.

Est-ce l'habitude que beaucoup de professeurs ont prise de passer me faire un petit signe dans mon bureau ? Est-ce la bonne ambiance de travail qui règne au sein de la vie scolaire ? Est-ce sa jalousie pour les relations cordiales que je m'efforce d'entretenir avec tous ? Ou plutôt, a-t-elle cru que son empire lui glissait entre les doigts et qu'il lui fallait m'abattre pour juguler la résistance qu'elle me soupçonnait d'attiser ?

Je me demanderai longtemps ce qui précipita madame Thénardet dans la crise de folie que je ne vis pas venir et où elle allait se révéler d'un machiavélisme aussi diabolique que destructeur.

C'est la veille des vacances de février qu'elle me demande de lui remettre le cahier des comptes du foyer. Sans me douter de rien, et déjà toute au bonheur du voyage en Italie que nous avons projeté avec Xavier, je le lui apporte en m'excusant de ne pas avoir eu le temps d'établir les totaux. Toutes les opérations ont été reportées. Je joins les relevés bancaires qui récapitulent chaque mouvement et font état d'un solde positif.

A mon retour, je ne me soucie guère du cahier. A vrai dire, j'essaie plutôt d'éviter les occasions d'avoir à la rencontrer. Je ne supporte plus sa vulgarité et sa logorrhée envahissante. Le contraste serait trop violent avec le calme apaisant des paysages d'Ombrie que nous venons de quitter et la beauté revivifiante des œuvres exposées dans tous les musées et galeries où Xavier n'a pas manqué de m'entraîner.

Le lendemain, je suis convoquée à son bureau. Il est dix heures quand je franchis la porte qui est ouverte et qu'elle me prie de refermer derrière moi.

Elle est pâle, présente son air des mauvais jours que tout le monde lui connaît depuis qu'elle a fait savoir à la cantonade, qu'elle avait sa ménopause et que certains jours, ça « la vidait ».

Je reconnais, ouvert devant elle, le grand cahier jaune du foyer qu'elle a surchargé de rouge. Elle attaque :
— J'ai passé mes vacances sur les comptes du foyer !
Elle marque une pause et m'observe avec insistance avant de poursuivre. Comme d'habitude, elle exagère tout. Je n'y connais pas grand chose en comptabilité, mais de là à me faire croire qu'elle y a passé quinze jours, elle pousse le bouchon un peu loin !
— Pourquoi ne m'avez vous pas prévenue que nous étions déficitaires ?
Interloquée, je reste sans voix.
— Comment ça, déficitaires ? Je ne comprends pas. Si j'ai bonne mémoire, les relevés bancaires que je vous ai donnés étaient positifs.
— Ah, il s'agit bien de cela ! Moi, j'ai fait les comptes. J'ai repris chaque facture. Il y a un manque à gagner, au niveau des distributeurs, d'environ quatre mille francs. Je me demande donc où est passé cet argent.

D'un seul coup, je comprends où elle veut en venir et redoute ce qui est en train de s'enclencher. Mais comment me défendre ? Je ne suis pas du genre à vérifier dans le détail chaque livraison. J'ai toujours fait confiance au livreur de friandises et de boissons, aux élèves qui comptaient l'argent en ma présence, aux collègues qui me remettaient une enveloppe, remplie d'argent liquide, avec le total inscrit dessus, pour les photos de classe ou la sortie au musée.

Devant ses insinuations, j'ai un sursaut de fierté. Après tout, j'ai ma conscience pour moi. Je me lève et lui dis, très posément, en la fixant dans les yeux :

— En tout cas, je peux vous affirmer que cet argent n'est pas dans ma poche !

Puis, le plus dignement possible, je sors sans refermer la porte derrière moi.

Dès que je me retrouve dans le couloir, ma colère commence à retomber. A sa place, monte une sourde inquiétude qui va me ronger durant toute cette affaire. Bien que cela puisse me mettre dans une situation très désagréable, je me sentais capable d'affronter un conflit avec madame Thénardet. Mais si, comme je m'y attendais, elle utilisait ce prétexte pour le transformer en affaire d'état et à déblatérer partout sur mon compte...

Un peu désemparée et comme pour vérifier l'importance du désastre, je me rends auprès de Christiane.

En me voyant arriver, elle comprend tout de suite :

— Méfiez-vous, Marie, depuis ce matin, elle répète à tout le monde que vous avez mis de l'argent de côté. Elle a même ajouté que c'était pour payer vos studios.

Je suis prise d'un fou rire nerveux. Sur le conseil avisé de Xavier et d'un ami banquier qui n'en revenait pas de me découvrir « vierge de tout emprunt », j'avais pris la décision d'acquérir et de louer deux studios. Une façon comme une autre de me constituer un petit patrimoine pour l'avenir. Leur coût dépassait de beaucoup quatre mille francs !

— Ainsi, elle m'accuse de vol ?

Je reste complètement abasourdie.

— Je ne peux rien vous dire de plus, mais faites attention à elle ! Et soyez assurée qu'en ce qui me concerne je ne mettrai jamais en doute votre honnêteté.

La conversation confirmait mes pires craintes et augmentait d'autant la désagréable crispation qui me tordait l'estomac. Mais la franchise de Christiane et sa confiance me touchaient beaucoup.

J'avais cru remarquer, à quelques signes discrets, qu'elle avait été très affectée de se voir retirer la responsabilité de la coopérative. Je n'avais jamais eu l'occasion d'en parler avec elle. J'éprouvai le besoin de lui exprimer que ma désignation comme trésorière avait été indépendante de ma volonté. Elle me répondit qu'elle le savait et qu'il ne lui serait jamais venu à l'idée de m'en vouloir à ce sujet.

— Moi aussi, je me suis laissée prendre au piège, me dit-elle. A son arrivée, comme beaucoup, j'ai été séduite par son énergie, ses grandes idées et même son franc-parler. J'ai cru avoir affaire à quelqu'un de bien et j'ai donné ma confiance. Mais je me suis rendue compte de mon erreur. Si j'ai un conseil à vous donner, soyez sur vos gardes. Et surtout, ne vous laissez pas faire.

Encouragée par tant d'estime, et à défaut de tout contrordre, je décidai de poursuivre aussi bien que possible mes tâches habituelles. En espérant vaguement, sans doute pour tenter de m'en convaincre moi-même, que les choses finiraient par s'arranger. Je continuai même à assurer le remplissage des distributeurs et à porter l'argent à la banque.

Mes relations avec madame Thénardet se limitaient à une stricte transmission d'informations indispensables pour ne pas entraver le fonctionnement du collège, souvent par écrit et toujours par l'intermédiaire du secrétariat. Au cours de ses absences de l'année précédente, j'avais été suffisamment habituée à me débrouiller seule, pour que la marche de l'établissement ne me pose pas de réels problèmes.

Nous en étions là de notre statu quo lorsque je trouvai, dans le courrier que j'étais allée chercher au secrétariat, une convocation pour une « réunion extraordinaire des adultes du foyer socio-éducatif ». La rencontre était fixée dans son bureau le dix-sept mai, après les cours du soir, et avait pour objet « l'examen des comptes ».

En arrivant à l'heure dite, je suis surprise de trouver, en dehors d'elle, trois personnes dont je ne comprends pas vraiment la présence. Claudia, professeur de latin, qui avait pris en charge la gestion de la machine à café des professeurs et qui me transmettait périodiquement la recette, n'est pas membre du foyer. René, non plus, mais madame

Thénardet s'empresse de justifier sa présence en tant que « futur trésorier » (sic). Je sais qu'il n'en demandait pas tant, mais je me doute bien qu'il n'a pas osé lui refuser. Seule la présence de Dominique, le collègue d'Isabelle, est normale puisqu'il est secrétaire de l'association et, en plus, responsable du compte « voyages ».

Trop contente de ne pas avoir à me retrouver seule en face d'elle et, à priori, plutôt confiante dans la bonne foi de mes collègues, je me garde de toute remarque.

Madame Thénardet introduit la réunion en n'omettant pas de souligner « à quel point cette affaire l'a obligée à sacrifier ses vacances » ni d'évoquer « la stupéfaction qui l'a saisie en constatant le trou dans la caisse » ! Elle en est « encore toute bouleversée ». Bref, « il manque pas loin de quatre mille francs ! ».

J'ai eu le temps de préparer mes propres arguments et m'efforce de les présenter aussi clairement que possible.

Je reconnais ne pas avoir eu probablement suffisamment de rigueur dans le pointage des stocks, mais les procédures que je présente laissent apparaître de nombreuses zones d'ambiguïtés.

Lorsqu'un élève vient nous expliquer que la machine n'a pas fonctionné et que le paquet de bonbons qu'il a payé est resté coincé, le temps d'aller ouvrir la machine permettait au petit malin qui arrivait derrière de le récupérer. Il suffisait, pour cela, de programmer le même choix et d'en récolter, ainsi, deux pour le prix d'un. Le sachant mais ne voulant pas léser la « victime », je remboursais le paquet. En dehors des distributeurs, les élèves vendaient des croissants, aidés par Dominique. Les invendus du matin étaient congelés et revendus le lendemain à demi-tarif, voire donnés aux élèves, s'il en restait en fin de récréation. Les comptes n'en étaient pas tenus à l'unité près. Enfin, je n'oubliai pas de rappeler les pratiques courantes du principal, de puiser directement dans la caisse, quand nous recevions un visiteur ou un intervenant, lors des « journées blanches » ou de l'ADVP. Je me gardai cependant d'ajouter à quel point cette pratique m'avait choquée et la réponse que j'avais reçue lorsque j'avais demandé si une telle dépense ne pouvait être réglée par l'intendance :

— Il ne manquerait plus que cela ! Avec tout ce qu'on fait pour eux...

Je conclus en reconnaissant volontiers ne pas être un modèle de trésorière, mais en espérant que personne ne doutait de mon honnêteté. Je demandai enfin, à ne plus avoir à assurer aucune gestion d'argent à l'avenir, au sein de l'établissement, et à ce que les comptes soient étudiés par une ou plusieurs personnes compétentes et extérieures au foyer.

Sur le fond, je sens bien que mes collègues ne prennent pas au sérieux les allégations de détournement qui ne me sont, d'ailleurs, qu'implicitement reprochées au cours de cette réunion.

René et Dominique, ont l'expérience de la gestion d'argent dans diverses associations. Ils ont calculé que le manque à gagner ne représente guère que 5% du total des recettes. C'est, à leurs yeux, un taux d'approximation qui n'a rien d'exorbitant.

Mais madame Thénardet n'entend pas jouer l'apaisement. Au contraire ! Elle s'agite, quitte brusquement sa chaise, fait deux pas, vient se rasseoir et, levant les bras au ciel, répète, sans cesse, la même question :

— Mais cet argent, où est-il ? Il faut bien qu'il soit quelque part !

Devant son refus de prêter la moindre oreille à ce qui se dit autour de la table, il devient vite évident qu'elle ne lâchera pas prise. Je suis mal. Comme elle a gardé le cahier, je ne peux même pas vérifier ses accusations. Elle n'a, bien sûr, aucune preuve à donner de ma supposée malhonnêteté, mais, pour ma part, je n'en ai aucune à présenter de mon innocence...

La réunion se termine sans que les comptes n'aient été examinés ou qu'une décision n'ait été prise à ce sujet. Evidemment, le compte rendu que j'avais réclamé avec insistance ne fut jamais établi.

Une deuxième réunion est fixée la semaine suivante, avec les mêmes participants et dans les mêmes conditions.

Entre-temps, j'avais averti individuellement tous les professeurs que j'avais pu rencontrer que je n'assurerais plus la fonction de trésorière, en raison des soupçons de vol dont je faisais l'objet. Il n'était pas question de leur demander de prendre parti, mais je n'entendais pas non plus me taire et laisser la rumeur s'amplifier. Certains ne répondirent rien, beaucoup m'assurèrent de leur confiance et deux d'entre eux (du sexe masculin, vous l'aurez deviné...) me conseillèrent de ne pas prêter aux affirmations du principal plus d'attention qu'elles n'en méritaient :

— Ce ne sont que des histoires de bonnes femmes, me dirent-ils, la bouche en cœur.

Au cours de la deuxième réunion, madame Thénardet se montre encore plus excitée. Elle marche de long en large et clame avec emphase :

— Je suis victime d'un harcèlement psychologique de la part de certaine(s) personne(s) ! C'est un véritable complot !

Elle fait les cent pas entre la table où nous sommes assis, tous les trois, et son armoire ouverte de laquelle elle finit par extraire les photocopies du cahier de comptes. Claudia me regarde, pâle et défaite. René baisse la tête dans l'attitude du coupable qui attend que la situation se calme, tout en évitant les coups. Moi, je me trouve à nouveau dans la répétition du happening auquel j'ai déjà assisté. Cela me devient insupportable. Il faut que nous examinions enfin les comptes ou que cela cesse.

Contenant difficilement mon exaspération, mais déterminée, je me lève et réclame que soit abordé le sujet de la réunion. A défaut, j'annonce que je me retirerai.

Rouge de colère, elle m'interrompt aussitôt et hurle en désignant ma chaise du doigt :

— Je vous ordonne de vous asseoir et de m'écouter jusqu'au bout !

C'en est trop. Je lui rappelle que mon temps de service est largement écoulé, que j'ai d'autres obligations à l'extérieur et que je n'ai pas de temps à gaspiller pour ne rien faire. Je salue tout le monde et quitte la pièce sous ses cris redoublés :

— C'est moi, le chef d'établissement, vous devez m'obéir sinon, sachez que vous le paierez très cher.

Ayant déjà refermé la porte, je ne saisis pas le reste des menaces qu'elle continue à proférer à mon encontre. En me voyant passer, Christiane encore présente et qui a tout entendu depuis son bureau ne peut s'empêcher de me dire :

— Elle est devenue folle !

Je hausse les épaules avec résignation. J'ai besoin de quitter ce lieu au plus vite.

Il ne sera pas établi de compte rendu pour cette nouvelle réunion. Le lendemain, Claudia que je salue, tourne ostensiblement les talons et refuse de me parler. J'apprendrai plus tard que madame Thénardet l'a mise en cause, elle aussi, pour sa gestion « peu claire », de la machine à café des professeurs. Est-ce la raison pour laquelle elle accepte, après mon départ de la réunion, de signer un papier, écrit de la main de René, sous la dictée de madame Thénardet, et qui précise :

« Mademoiselle Claudia B..., monsieur René R... et madame Thénardet, principal du collège, ont constaté une discordance entre les recettes et les dépenses de boissons, confiseries et croissants et prennent la décision de clore les comptes à cette date et de reprendre la comptabilité, dès le lendemain vingt-cinq mai, sur un nouveau registre ».

Je découvre l'existence de ce document, classé par la secrétaire, quelques jours plus tard. Je suis doublement stupéfaite : d'abord sur le contenu et surtout par le fait qu'y figure la signature de Dominique qui était absent et pas cité dans le texte. J'en fais naturellement une photocopie et me promets de lui demander quelques explications.

En attendant, cette deuxième réunion n'a toujours pas abouti à l'examen des comptes.

Une troisième réunion est annoncée pour le 2 juin. Celle-là, à la demande des élèves, que j'avais, finalement et par la force des choses, informés de ma « démission » du foyer, sans m'appesantir sur les raisons de ma décision. Ce n'était, de toute façon, pas nécessaire tant les rumeurs couraient sur ce qui était en train de devenir une « véritable affaire ». Ils voulaient savoir de quoi il s'agissait.

Cette fois, je ne suis pas convoquée et c'est Dominique, pas très fier de s'être laissé extorqué sa signature, qui m'en informe.

Compte tenu des proportions prises par la situation et conseillée par un spécialiste du droit associatif, je demande, officiellement et par écrit, que, suite à ma démission, l'examen du rapport financier et moral ainsi que le vote du quitus soient portés à l'ordre du jour de la réunion. Deux heures avant la tenue de l'assemblée, madame Thénardet l'annule par voie d'affichage et sans explications.

Le même jour, le conseil d'administration se réunit au collège. J'y assiste en tant que membre de droit. Parmi les différents points traités, madame Thénardet informe les différents participants qu'en vertu de l'article 12 du règlement, elle suspend toutes les activités du foyer et qu'elle en informera monsieur l'inspecteur vie scolaire et madame l'inspecteur d'académie (ce qu'en réalité, elle avait fait l'après-midi même).

Un certain malaise s'installe. Devant le silence gêné des parents présents, je comprends immédiatement qu'elle les a déjà informés et à sa façon. Cette fois, elle est allée trop loin. Me faire passer pour une voleuse vis à vis des parents confine à la diffamation. C'est extrêmement grave à mes yeux. Je décide de porter l'affaire devant ma hiérarchie et demande un rendez-vous à l'inspecteur d'académie.

Madame Desjardin me reçoit une semaine plus tard. Elle m'accueille d'abord assez sèchement, puis, comprenant que je ne suis pas venue pour critiquer mon chef d'établissement, mais pour lui exposer les faits, lui confirmer mon honnêteté, et lui demander d'intervenir pour résoudre ce conflit, elle se radoucit. Je lui présente alors le dossier que j'ai apporté et qui retrace chronologiquement tous les événements qui durent maintenant depuis cinq mois.

Elle le parcourt avec attention, me demande quelques précisions sur ma gestion, confirme son entrevue avec madame Thénardet, et conclut que cette histoire ressemble davantage à une rancœur personnelle, qu'à un réel problème de comptabilité.

J'acquiesce sur le fond mais précise cependant :

— En ce qui me concerne, madame l'inspecteur, jusqu'à aujourd'hui, je n'avais aucune raison d'en vouloir à madame Thénardet.

Elle quitte son fauteuil et m'accompagne à la porte tout en me suggérant de réitérer ma demande de quitus et en m'autorisant à mentionner notre entrevue. Je la remercie. Elle me tend la main et me rappelle le bénéfice qu'il y a à arranger les choses, avant qu'elles ne prennent des proportions exagérées.

Elle prêche une convaincue, mais a-t-elle pris vraiment toute la mesure du machiavélisme de madame Thénardet ?

M'assurant qu'elle lui téléphonerait pour lui demander d'organiser ce vote, elle me souhaite d'obtenir la mutation que j'avais évidemment demandée pour l'année suivante.

Les soupçons qui pesaient sur moi et qui, en dehors de ma présence, étaient proférés comme des accusations, me tourmentaient jour et nuit. Quel personnage diabolique était-elle pour déployer une volonté aussi destructrice ? Fallait-il qu'elle me connaisse bien pour savoir qu'en touchant à mon intégrité et à mon honnêteté, elle blessait ce qu'il y avait de plus profond en moi !

Malgré le soutien de Xavier qui m'encourageait à me préserver, je sentais mon énergie diminuer de jour en jour. Il me restait la force de ne pas le montrer aux gamins. Eux, n'avaient pas changé. La puissance de vie et la chaleur qu'ils m'apportaient dans ces moments si difficiles m'étaient d'un très grand réconfort. Quel contraste entre leur spontanéité, leur sincérité et la perversité de cette femme qui me détruisait ; la lâcheté, aussi, des adultes que je découvrais tremblant, pour la plupart, devant une autorité hiérarchique.

Quelques uns, mais si peu, continuaient à me soutenir : Isabelle, les surveillantes, Christiane, Eric et Lucie, la gestionnaire, qui ne cesseront de me répéter la confiance qu'ils placent en moi.

De tous, Isabelle qui était profondément révoltée par ce qui m'arrivait, se montra la plus courageuse.

N'y tenant plus et désireuse de provoquer enfin une réaction des professeurs qui se réfugiaient dans une hypocrisie rampante, elle résolut de faire sortir les problèmes au grand jour. Elle profita, pour cela, d'une journée de bilan qui réunissait tout le monde, afin de faire le point sur les actions qui faisaient partie du projet d'établissement.

Afin d'amener la discussion sur les dysfonctionnements qui avaient empoisonné la vie du collège depuis la rentrée et sur les attitudes du principal, notamment avec moi, elle avait décidé d'attaquer par les réunions, au sujet des comptes du foyer, qui s'étaient tenues dans la plus grande opacité, sans respecter les formes requises et sans compte rendu. Pour étayer son questionnement, elle avait préparé un transparent où figuraient les grands principes du projet d'établissement, en particulier, l'exigence de clarté qui traduisait l'obligation d'établir et de diffuser un compte rendu pour chaque réunion.

Je la revois, demandant la parole, et escaladant une table pour accéder au rétroprojecteur.

Décontenancée et pressentant le risque pour elle, madame Thénardet blêmit avant de lancer :

— Cela n'est pas à l'ordre du jour, mademoiselle Parrot. Je vous ordonne de regagner votre chaise.

— Non, madame ! Le foyer socio-éducatif fait partie intégrante du projet d'établissement pour lequel nous sommes réunis. Or trois réunions se sont tenues dans votre bureau, sans que personne n'en soit averti, sans respect des règles du fonctionnement associatif et sans compte rendu ...

— Taisez-vous ! C'est moi le chef d'établissement ! Regagnez votre place !

Mais Isabelle est lancée. Il n'est pas question pour elle de s'arrêter avant d'être arrivée au bout. Elle se tourne vers une assemblée médusée qu'elle prend à témoin.

— Une collègue, parmi nous, a demandé que cette question soit portée à l'ordre du jour. Pourquoi et de quel droit cela a-t-il été refusé ? Je demande que cette question soit abordée.

Complètement sidérée et franchement admirative, je me tasse un peu sur ma chaise en surveillant du coin de l'œil la réaction des collègues. Personne ne bronche. Sur l'estrade, le ton monte. Isabelle n'est pas disposée à céder en face d'un chef d'établissement qui commence à perdre les pédales.

Les yeux exorbités par la colère, madame Thénardet s'écarte du tableau où elle venait d'afficher un récapitulatif des « journées blanches » et se jette sur le rétroprojecteur pour arracher violemment le transparent d'Isabelle.

D'une intensité inouïe, l'affrontement sera pourtant de courte durée. Un silence de mort règne dans la salle. Isabelle qui sent sa cause perdue s'efforce encore de rallier les collègues, puis se lasse devant l'absence totale de réactions. Elle demande que son intervention figure au compte rendu de la journée. Bien sûr, elle n'y figurera pas.

Le principal reprend alors son exposé là où elle l'avait laissé. Elle est livide. Le reste de la journée se déroulera dans une ambiance exécrable, chacun fuyant le regard de l'autre et prenant bien garde de ne surtout pas effleurer le coude de son voisin. Je n'étais pas née à l'époque du fascisme, de ses silences résignés et de ses avidités opportunistes. Mais à considérer les collègues qui m'entourent, j'ai profondément honte de ce qui vient de se passer.

Forte de mon entretien avec l'inspecteur d'académie, je renouvelle, le 30 juin, une demande formelle de convocation aux fins de présenter mon rapport financier et de le soumettre au quitus. Je souhaite que la réunion ait lieu avant le départ en vacances des élèves et du personnel enseignant.

La veille des vacances, je reçois enfin la réponse suivante, signée de madame Thénardet :

« J'ai accédé à votre demande et j'ai demandé deux volontaires issus du conseil d'administration. Monsieur Aubert, parent d'élève et monsieur Berini, agent comptable, ont bien voulu accepter. Je ne suis plus actuellement en possession du document qui leur a été transmis.

Soyez assurée que celui-ci sera proposé au vote comme vous le souhaitez et vous sera ensuite adressé... ».

Ayant appris que ma demande de mutation avait été acceptée et comprenant que le quitus ne pourrait être voté qu'après la rentrée, en dehors de ma présence, je décide de transmettre à chaque membre du collège une copie du rapport financier que j'avais préparé avec l'aide d'un comptable sur la base de photocopies du cahier que j'ai pu obtenir.

J'y ajoute un petit mot :

« Vous trouverez ci-joint le rapport financier du foyer établi pour la période courant de sa création au 20 février.

J'ai demandé à trois reprises de pouvoir présenter ce rapport et le soumettre au quitus de l'assemblée générale avant les vacances.

L'assemblée générale aura à se prononcer à ce sujet à la rentrée, mais je n'y serai pas. En revanche, certains parmi vous seront probablement membres du foyer, l'année prochaine. C'est pourquoi, j'ai choisi d'adresser à tous la copie ci-jointe.

Je tiens à affirmer clairement mon honnêteté qui a été mise en cause injustement.

J'aurais aimé pouvoir vous dire tout cela de vive voix. Les circonstances de cette fin d'année ne me l'ont pas permis.

Bonnes vacances et bon souvenir à tous ».

Quelques professeurs vinrent me saluer. Beaucoup d'élèves envahirent le bureau pour m'embrasser. Madame Thénardet quitta le collège trois jours avant moi et je ne la revis pas. Je partis, à mon tour, meurtrie et soulagée.

En septembre, je gagnai le nouvel établissement où j'avais été nommée.

N'ayant toujours aucune nouvelle du vote du quitus au début d'octobre et ayant appris que madame Thénardet avait pris l'habitude de me désigner par « la voleuse », j'en référai au secrétaire général du syndicat auquel j'adhérais.

Celui-ci adressa un courrier à l'inspecteur d'académie, madame Desjardin, avec copie au principal du collège Prévert. Il lui demandait d'intervenir pour faire cesser ces bruits ou d'en exiger le bien fondé.

Cinq jours après, je reçus le rapport financier établi par les deux commissaires aux comptes. Quelle ne fut pas ma surprise de constater que ce rapport ne concernait que la seule gestion des distributeurs !

Je demandai aussitôt une nouvelle intervention syndicale. Deux semaines plus tard, j'appris que les comptes avaient été présentés dans leur globalité, soumis au vote et approuvés.

EPILOGUE

(Vingt ans après)

E la nave va

J'ai quarante-cinq ans. Il m'en aura fallu du temps pour arriver à la maturité personnelle, à l'équilibre affectif, et à la solidité professionnelle dont je me sais capable aujourd'hui.

En me retournant sur mon parcours, j'ai rencontré la profonde vérité de l'aphorisme énoncé par les philosophes du changement : c'est le chemin qui est important en lui-même.

Certes, j'ai laissé quelques plumes le long du mien. Sans doute aussi quelques certitudes, mais aucune de mes convictions. J'ai même le sentiment du contraire. C'est lorsqu'elles ont été le plus sérieusement mises à l'épreuve qu'elles ont gagné le plus de force !

Et puis, j'ai arrêté de fumer. C'est bien la preuve que je crois à mon avenir !

Donc, le voyage continue. Je travaille actuellement dans un lycée de grande taille : mille deux cents élèves dont trois cents internes. En raison de sa dominante technologique, son recrutement est essentiellement masculin. On y dénombre quand même 10% de filles.

A mon arrivée, j'ai très vite trouvé ma place au sein de l'établissement et de l'équipe de CPE qui y fait un travail efficace et apprécié de tous.

Avec l'assistante sociale, les infirmières, les professeurs, nous avons lancé de belles expériences : celle de la « formation des délégués-élèves » pour les aider à construire une responsabilité citoyenne ; celle d'une « équipe relais » qui réunit, une fois par mois, des volontaires de tout bord afin d'approfondir les difficultés rencontrées avec l'aide d'un psychologue extérieur.

J'ai naturellement entraîné mes deux collègues et les surveillants dans les insondables mystères de l'informatique.

Nous avons aussi introduit des réformes de fond en supprimant, par exemple, les fameuses « études surveillées » du soir au profit de « dortoirs-études ».

En créant pour chaque élève, un coin lit et bureau au sein de dortoirs malheureusement toujours collectifs, on permet à chacun de bénéficier d'une relative intimité et de pouvoir travailler à son rythme. L'introduction de cette formule qu'il a fallu gagner contre de nombreuses résistances a eu un effet immédiat et spectaculaire. Au lieu de décompresser sauvagement, dès la sortie de l'étude surveillée, au milieu d'un dortoir vite transformé en « défouloir collectif », les élèves ont assumé leur nouvelle liberté avec sérieux et, même, respect pour le travail des autres.

Pour leur part, les surveillants ne sont plus de simples « gardes-chiourmes ». Ils sont plus disponibles envers les élèves, leur apportent aide et conseils quand ils le peuvent, et, en tout cas, une attention particulière qui contribue à une bonne ambiance générale.

Peut-être faut-il préciser ici que nous avons choisi, en équipe de CPE, de demander aux maîtres d'internat de se répartir les services de nuit en conservant, dans toute la mesure du possible, la responsabilité des mêmes dortoirs, au fil de la semaine.

Cette méthode introduit une contrainte supplémentaire dans la confection des emplois du temps, mais elle apporte aux internes et à « leur » surveillant une possibilité de « se connaître » mutuellement. Pour ma part, j'ai toujours eu la conviction que c'est dans la rencontre et dans l'établissement de liens personnels que se construisent les qualités humaines en chacun de nous. Et, sans doute, beaucoup de problèmes qu'on dit « de société » pourraient diminuer si on commençait par chercher des moyens pour faire reculer l'anonymat.

Pour l'heure, le dernier épisode de cette aventure partagée est en train de prendre un tour des plus intéressants. Il concerne les élèves des classes de seconde, niveau dont j'ai plus particulièrement la charge.

Depuis quelques années, j'avais pris l'habitude de transmettre, après chaque conseil de classe, (auxquels je participe, évidemment) les résultats des élèves aux maîtres d'internat des dortoirs concernés. Or, cette année, lors de la réunion de prérentrée, le regret qu'il n'y ait pas davantage d'échanges et de communication entre enseignants et surveillants fut exprimé par quelques uns. Peut-être la mise en place d'une boîte aux lettres ?

Nous avons aussitôt lancé ce système et puis, pensant que ce serait encore insuffisant, nous avons décidé avec les professeurs principaux et les maîtres d'internat affectés aux dortoirs de ces classes, de nous réunir au moins une fois par trimestre, pour faire un bilan général (et pas uniquement scolaire) au sujet des internes. Soixante élèves sont concernés.

La première réunion s'est déroulée juste avant les vacances de la Toussaint. Les quatre maîtres d'internat étaient là, alors qu'un seul était de service. Les professeurs aussi, à l'exception d'un « excusé » pour des raisons d'emploi du temps, mais qui avait laissé ses observations à une collègue.

Une infirmière et l'assistante sociale, deux personnes très engagées dans la vie de l'établissement, nous avaient rejoints. Les échanges furent riches et féconds et le principe de la réunion reconduit pour le second trimestre.

De l'avis des enseignants et des maîtres d'internat, quelque chose est en train d'évoluer dans leur connaissance les uns des autres et surtout dans la représentation qu'ils se font des élèves. De par la différence des fonctions, chacun apporte à l'autre un supplément de regard. Il en est de même pour moi avec l'assistante sociale et l'infirmière.

On apprend à mieux se connaître, c'est à dire à s'apprécier, à se faire confiance, à s'appuyer l'un sur l'autre quand cela s'avère nécessaire. Le système d'échanges d'informations que nous pratiquons évite bien des malentendus. Les élèves qui ressentent cette cohérence éducative ont cessé de nous jouer les uns contre les autres. Les professeurs retransmettent les principes de vie collective. Les maîtres d'internat s'intéressent aux résultats scolaires et aux difficultés des élèves.

Ce ne fut certainement pas un hasard si, à l'issue de notre réunion, l'un des maîtres d'internat prit l'initiative de créer un système d'aide au travail durant son service du soir.

Après avoir constitué des trinômes en fonction des résultats et des difficultés de chacun, il les réunit trois fois par semaine durant une heure, pour refaire ensemble un devoir raté ou préparer le prochain.

Inutile d'ajouter qu'aucun problème de discipline grave ne m'a été signalé dans ce dortoir dont les élèves eux-mêmes disent qu'il « fait bon y vivre ». Je n'ai dû intervenir qu'une seule fois pour une affaire de vol et je ne suis pas prête d'oublier la consternation générale que j'ai lue sur tous les visages lorsque je suis venue annoncer ce triste événement. Allez savoir pourquoi et comment ? Dès le lendemain, le surveillant me fit savoir que les objets volés (une calculatrice et un lecteur de CD) étaient revenus aux mains de leur propriétaire.

Souvent, il suffit de petites choses pour produire de grands effets.

Ce sont des exemples comme ceux-là, rencontrés à plusieurs reprises au cours de ma carrière, qui ont conforté la place que j'accorde au travail d'équipe au palmarès de mes convictions. Une équipe qui inclut tout le monde, en n'oubliant pas les agents d'entretien qui ont une grande responsabilité dans le fonctionnement des établissements et des internats en particulier.

Combien de fois, une relation « normale », c'est à dire fondée sur une reconnaissance et un respect réciproques, a-t-elle permis une réparation de douche dans la journée, un changement d'ampoule dans l'heure... et surtout des jugements moins hâtifs et expéditifs sur les élèves et ceux qui les encadrent ?

En sens inverse, j'ai vu des jeunes prendre un balai parce qu'ils estimaient avoir trop sali leur chambre et qu'ils ne voulaient pas augmenter la charge de travail de « la dame qui assurait le nettoyage ». Ce n'est certainement pas le fruit du hasard si un agent courtois avec les élèves obtient que « son » dortoir soit moins sale et moins dégradé que celui d'un collègue bougon et râleur.

A mes yeux, le secret d'un travail d'équipe réussi est le respect qui fonde la confiance et permet la collaboration sur la base d'une complémentarité des rôles.

Je veux parler de ce « respect dû à la personne » qui me paraît constituer le socle fondateur de ce qu'on a pris l'habitude d'appeler « la vie scolaire », pour désigner la zone de responsabilité attribuée au CPE, mais qui, en réalité, concerne tous les métiers de l'éducation.

En fait, même si sa mise en œuvre est souvent compliquée, le principe est très simple. Pour moi, il est à appliquer partout et tout le temps.

Cela va de l'entretien privé avec un(e) élève « en construction » jusqu'au conseil d'administration qui préside aux destinées d'un établissement, en passant par les réunions hebdomadaires de direction et tous les échanges quotidiens avec chaque catégorie du personnel enseignant, surveillant et administratif.

Au cœur de mon métier, je place ma relation à l'élève. J'essaie d'y être « congruente » au sens de Carl Rogers (dans « Le développement de la personne »), c'est à dire d'être vraie. Confronté aux hésitations d'une voie qu'il cherche, un adolescent doit pouvoir « faire confiance ». Comment pourrais-je mériter une telle confiance, si je ne suis pas, moi-même, sincère et authentique ?

La nécessité de se tenir dans une juste distance en se gardant de l'envie de « pleurer avec » ou, à l'opposé, de « faire à la place de » est une autre de mes convictions. Certes, au collège, l'enfant demande qu'on l'aime. Encore faut-il ne pas oublier de lui exprimer qu'on l'aime pour ce qu'il est en train de devenir plutôt que pour lui-même. Au lycée, l'adolescent a besoin qu'on croie en lui, sans flagorneries et sans concessions sur la réalité. En prépa, l'aide prend la forme d'une véritable estime pour la somme de travail fourni afin de relever un défi bien souvent écrasant.

La question d'une juste appréciation de « ses propres limites » m'apparaît enfin comme la plus difficile. Elle se situe à deux niveaux.

D'abord dans « ma capacité à écouter », je devrais dire dans « ma capacité à entendre... et à en faire quelque chose de positif » pour mon interlocuteur. Dans la profession, devant certaines détresses dont on sent qu'elles ne demandent qu'à se dire, la tentation est forte de jouer à l'apprenti sorcier et de « faire parler » au risque de ne plus savoir quoi faire de ce qu'on entend. Le danger est grand de voir l'interlocuteur quitter le bureau encore plus désemparé qu'il ne l'était en y entrant. J'estime qu'on n'a pas le droit de jouer à cela. Parmi mes vraies colères, il y a celle que j'ai toujours éprouvée chaque fois qu'il m'a été donné d'assister à ce que je considère comme un pur voyeurisme psychologique !

Depuis que j'exerce ce métier, j'ai acquis une capacité à écouter et à assumer des confidences de plus en plus lourdes, mais j'ai aussi appris et travaillé à mieux me connaître, à connaître mes limites et à m'en donner. Je ne provoque pas les confidences si je sens que je ne pourrai pas aider l'élève à les assumer.

Savoir passer le relais à temps et à la bonne personne est une de mes préoccupations.

Inceste, drogue, enfant battu, tentative de suicide, violence ou souffrance compulsive... Quelle attitude adopter au cours de l'entretien ? Comment trouver les mots qui aideront à construire ou reconstruire ? Avec qui de mes collègues CPE, de l'assistante sociale, des professeurs, des surveillants, de l'infirmière, du proviseur, du procureur de la république, des parents vais-je pouvoir engager une prise en charge ?

Ici encore, le travail d'équipe apporte plus de diversité et une meilleure qualité dans les réponses qu'il suscite. Je ne suis pas prête d'oublier cet agent de service du collège Prévert qui s'était proposé de garder avec lui les élèves collés à la condition de leur faire partager quelques tâches de nettoyage. En véritable maître d'apprentissage de la vie, je le revois, travaillant avec eux, s'intéressant au motif de leur punition, ajoutant commentaires et recommandations appuyés de quelques solides sentences frappées au coin du bon sens. Ces leçons-là valaient bien tous les cours d'éducation à la citoyenneté imposés par nos ministres.

L'autre aspect de « la question des limites », dépasse celles de la personne proprement dite pour toucher à celles de l'institution dans son ensemble.

Je crois au rôle éducatif de ma fonction et j'ai rencontré beaucoup de collègues, de tous âges et de toutes catégories professionnelles qui se soucient véritablement d'une telle responsabilité.

Quoiqu'en disent certains médias, il faut l'affirmer : il y a dans l'Education Nationale, une grande majorité de gens « bien » : des gens qui croient en la valeur et en l'honneur d'une mission qu'ils s'efforcent d'accomplir avec persévérance, parfois avec la hargne du désespoir.

Je suis de ceux-là. Mais, comme beaucoup, je suis effarée de constater l'irrésistible progression des ravages identitaires au sein de la société. C'est plus que de la colère, c'est une vraie panique qui m'envahit quand j'assiste à la démission éducative de parents dépassés, alors que, dans le même temps, on prétend assigner à l'Ecole, toute la responsabilité de l'apprentissage de comportements civiques et autonomes !

Comment conforter chez un élève, l'envie de conquérir sa place dans la société en « travaillant bien à l'école », quand son père sombre sous ses propres yeux dans les pires dérives du chômage et de l'exclusion ? Quelle réponse apporter à cette mère en larmes, venue nous confier qu'elle écrit des « justificatifs » d'absence, terrorisée par son fils qui la menace d'un couteau ? Que dire à ce couple de notables très connus dans la ville, qui vous affirment que « leur » Charles-Albin est un modèle de vertu et qu'ils répondent de son comportement, alors qu'il fait l'objet d'un signalement pour consommation et revente de drogue dure ?

Situé à l'interface entre les parents, les élèves, les enseignants et sa hiérarchie, le CPE est inévitablement concerné par tous les problèmes : du plus grave qui nécessite un appel immédiat au SAMU au plus trivial qui concerne la mise en route d'un magnétoscope dans une salle de classe ou encore le manque de papier toilette dans les WC des filles !

Pour répondre sur tous les fronts, vous avez compris qu'il valait mieux avoir la santé, un bon sens de l'organisation, une bonne mémoire, un solide sang-froid quand l'orage s'abat sans crier gare ... et aussi savoir dire « non » pour faire respecter son rôle.

Porteur et garant de l'application d'une règle collective, le CPE se doit d'être une véritable figure de référence : à la fois exemplaire, mais aussi investie par chaque membre de la communauté éducative, hiérarchie comprise.

Se pose ici la question de la reconnaissance de la fonction et celle du statut qui fait l'objet d'un débat très actuel. Un article de Claude Lafont, paru dans la revue du « Conseiller d'éducation », a même évoqué la possibilité d'aller : « Vers la fin des CPE » ?

La singularité de notre métier (qui constitue une exception française et n'existe nulle part en Europe), ne contribue pas à sa « lisibilité ».

Notre statut, qui date de 1982, et inchangé depuis, nous attribue trois rôles :

Un rôle administratif (gestion des effectifs, de l'absentéisme, de l'internat, de l'application du règlement intérieur) ; un rôle d'animation (clubs et activités dans le cadre du foyer socio-éducatif) et un rôle pédagogique en collaboration avec les enseignants.

C'est beaucoup pour un seul homme. Comme de surcroît les responsabilités concrètes et les moyens ne font l'objet d'aucune précision, on comprendra vite l'ambiguïté des situations sur le terrain. Il est des CPE qui en jouent pour privilégier certaines tâches qu'ils apprécient au détriment d'autres qui n'en seraient pas moins nécessaires. Il est, en plus grand nombre, hélas, des chefs d'établissement qui se déchargent sur nous de tâches administratives et de gestion courante, réduisant d'autant le temps « éducatif » consacré aux élèves, à l'animation de l'équipe de surveillants et à la « vie scolaire », pour une fois, si bien nommée.

Aussi, la question d'une « re-fondation » de la fonction, voire de sa suppression pure et simple, au profit d'une intégration dans le corps (très déficitaire !) des adjoints de direction, se pose-t-elle.

Encore faudrait-il, dans ce cas, préciser la nature et le rôle de ces adjoints. S'il s'agit de celui que j'ai entendu, ce matin même, affirmer en réunion de direction que l'éducatif c'est « s'occuper du sexe des anges ! » (sic)... sans oublier d'ajouter qu'il avait été CPE durant six ans et que « lui, il savait de quoi il parlait ! », merci pour moi !

Je ne suis pas de son bord, non plus, quand il cautionne le bizutage « parce que, ça au moins, ça faisait des hommes » et prêche la supériorité d'une « vraie discipline ».

L'Education Nationale n'est malheureusement pas à l'abri de la résurgence de telles conceptions.

Je ne sais pas quelle sera l'issue du débat. Sans doute est-il juste que chacun y fasse valoir son point de vue, même si, comme à son habitude, le ministère finira bien par imposer une réforme déjà dans ses cartons.

Pour ma part, avec le recul, toujours autant de passion et en dépit de tous les contre-exemples qu'il m'a été donné de rencontrer, je veux croire au pari sur les personnes et à l'intérêt de construire sa fonction dans le respect des élèves.

Même s'il dispose du relais des surveillants (à manager aussi !) et des professeurs principaux, et même s'il travaille sans arrêt « au contact », le CPE est isolé. Seul, le plus souvent en première ligne, il doit décider vite et agir dans l'urgence. La situation est loin d'être confortable. Elle peut devenir difficile quand un chef d'établissement ne sait pas tenir sa place, et abominable quand il utilise sa position pour détruire ce qui pourrait lui résister. Vous n'aviez pas tort, madame Cerda, de me mettre en garde.

Je sais aussi que le système archaïque et profondément injuste des notations qui conditionnent l'avancement (et ne récompense guère l'implication et les initiatives) mériterait, pour le moins, d'être « refondé ».

Mais j'aime « la liberté de faire » que m'offre mon métier. Un métier vivant, jamais figé puisque toujours ramené au contact de la « nouvelle génération ». Un métier qu'il faudrait inventer s'il n'existait pas et que nos voisins européens disent nous envier. Un métier qu'il serait dommage de supprimer mais peut-être encore plus triste de laisser enfermer dans un carcan administratif. Dans « vie scolaire », il y a « vie ». C'est cela qui est formidable.

Au lieu de vouloir régenter, je suis persuadée qu'il y a plus à gagner à investir dans la sélection et la formation des candidats à la profession. J'ai confiance dans les jeunes qui arrivent pour assurer la relève. Ouverte sur la compréhension des adolescents et sur l'acte éducatif, la formation aujourd'hui dispensée dans les IUFM (Instituts Universitaires de Formation des Maîtres) n'a plus grand chose à voir avec les quelques semaines que j'ai connues.

On peut supposer que, mieux armés, les nouveaux CPE sauront davantage se défendre et défendre une conception d'un métier qui reste en permanence à réinventer. Les ouvriers se relèvent et le chantier continue. Et c'est tant mieux !

Mais, excusez-moi !

C'est Fabien qui vient réclamer son walkman, confisqué par son professeur, durant le cours, tandis que je suis en conversation téléphonique avec une maman qui demande à ce que son fils rentre plus tôt ce soir pour aller faire sa piqûre chez le docteur. Pendant qu'elle m'énumère la longue liste de ses maladies infantiles, l'intendant fait irruption dans le bureau pour me signaler qu'il lui semble bien qu'il y a un intrus dans la cour et qu'il faudrait que j'aille le faire sortir.

A peine à la porte, un dossier sous le bras que le proviseur m'a demandé de lui porter dans l'heure, je suis arrêtée par le surveillant qui m'informe que Sébastien Durand — vous savez, celui qui a cassé ses lunettes la semaine dernière — est absent ce matin et que son père voudrait que je le rappelle, et aussi que si je passais par le secrétariat, je serais bien gentille de demander du papier listing et des enveloppes blanches à fenêtre, car il n'y en a plus.

Le téléphone recommence alors à sonner. Bon, qu'est-ce que je fais, je décroche ou j'y vais ?

Table

Préface   9

Prologue   13

L'an un   19
Corinne, Chantal, ... et tous les autres
L'an deux   43
Les Rockies et les Rollies
L'an deux (suite et fin)   61
De misère en misères
L'an trois   71
Bonheurs de neige
L'an quatre   85
Où je décide d'aller chercher l'homme de ma vie
L'an cinq   101
Drôle de printemps
L'an six   113
Une bien étrange affaire !
L'an sept   127
Mais que diable suis-je allée faire dans cette galère ?
L'an huit   155
Dans le tourbillon du bonheur
L'an neuf   179
L'envers du décor

Epilogue (vingt ans après)   209
E la nave va